SPIELE FÜR DEMENZ

LABYRINTHE SPASS

ActivityCrusades

Veröffentlicht von Speedy Publishing Canada Limited

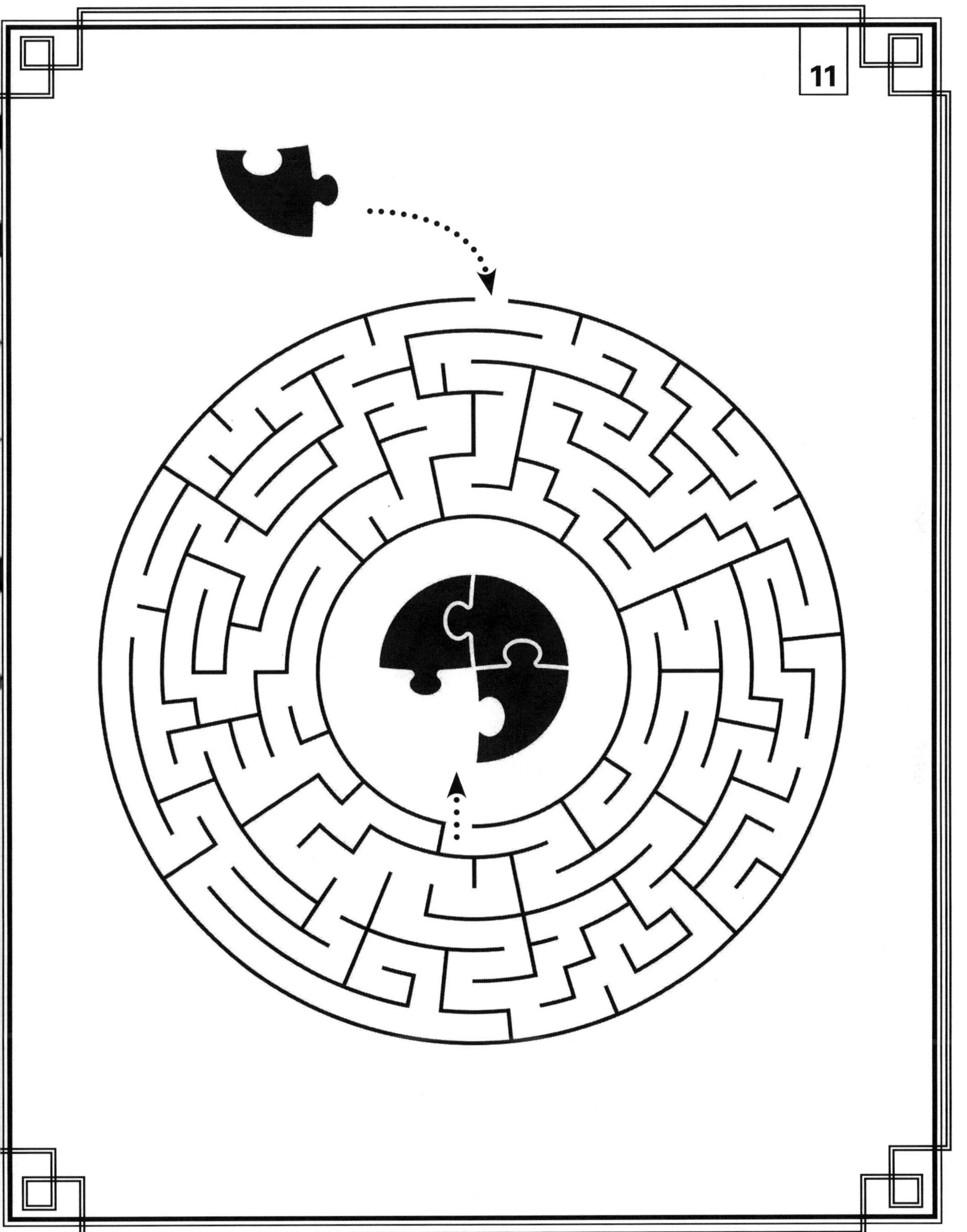

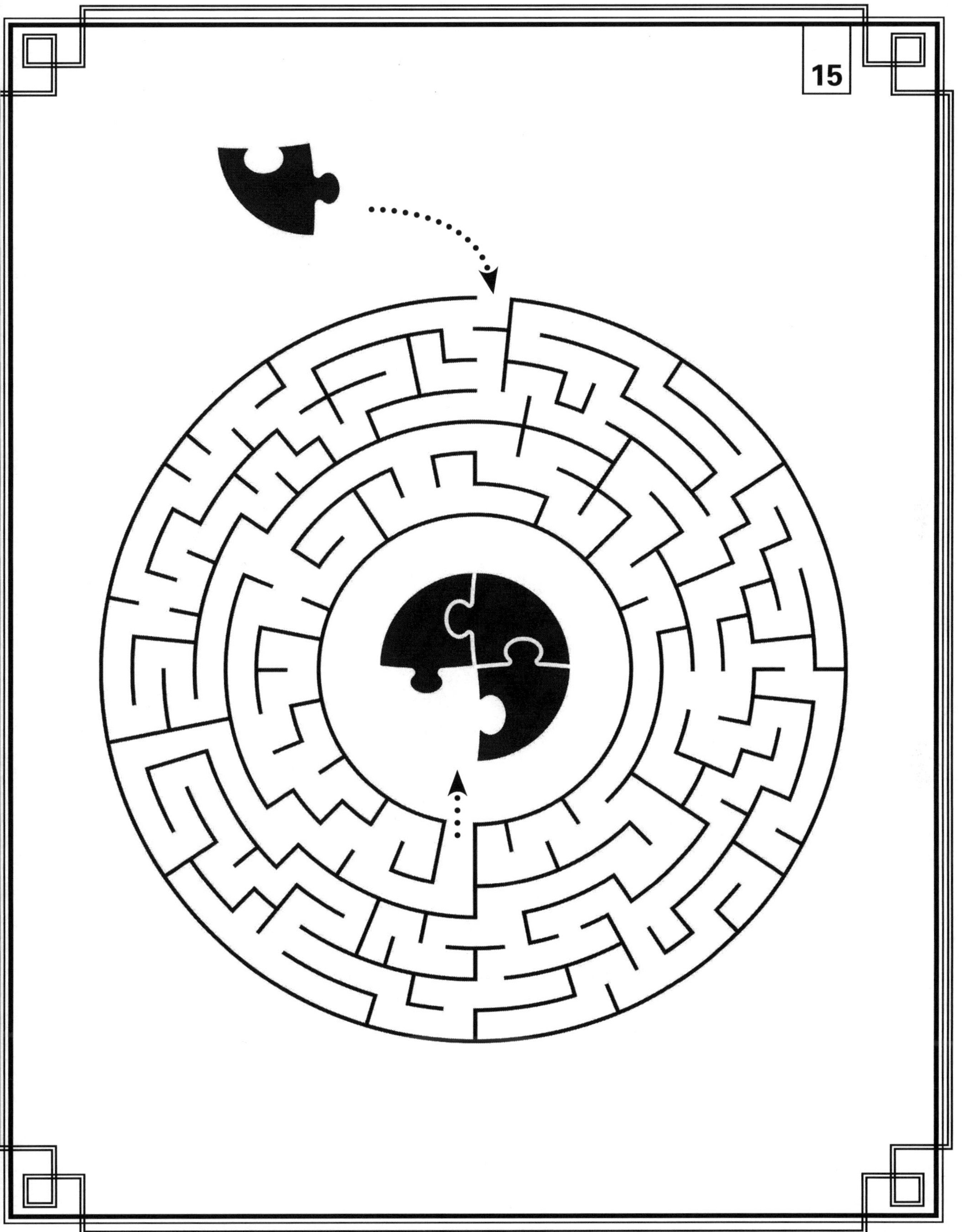

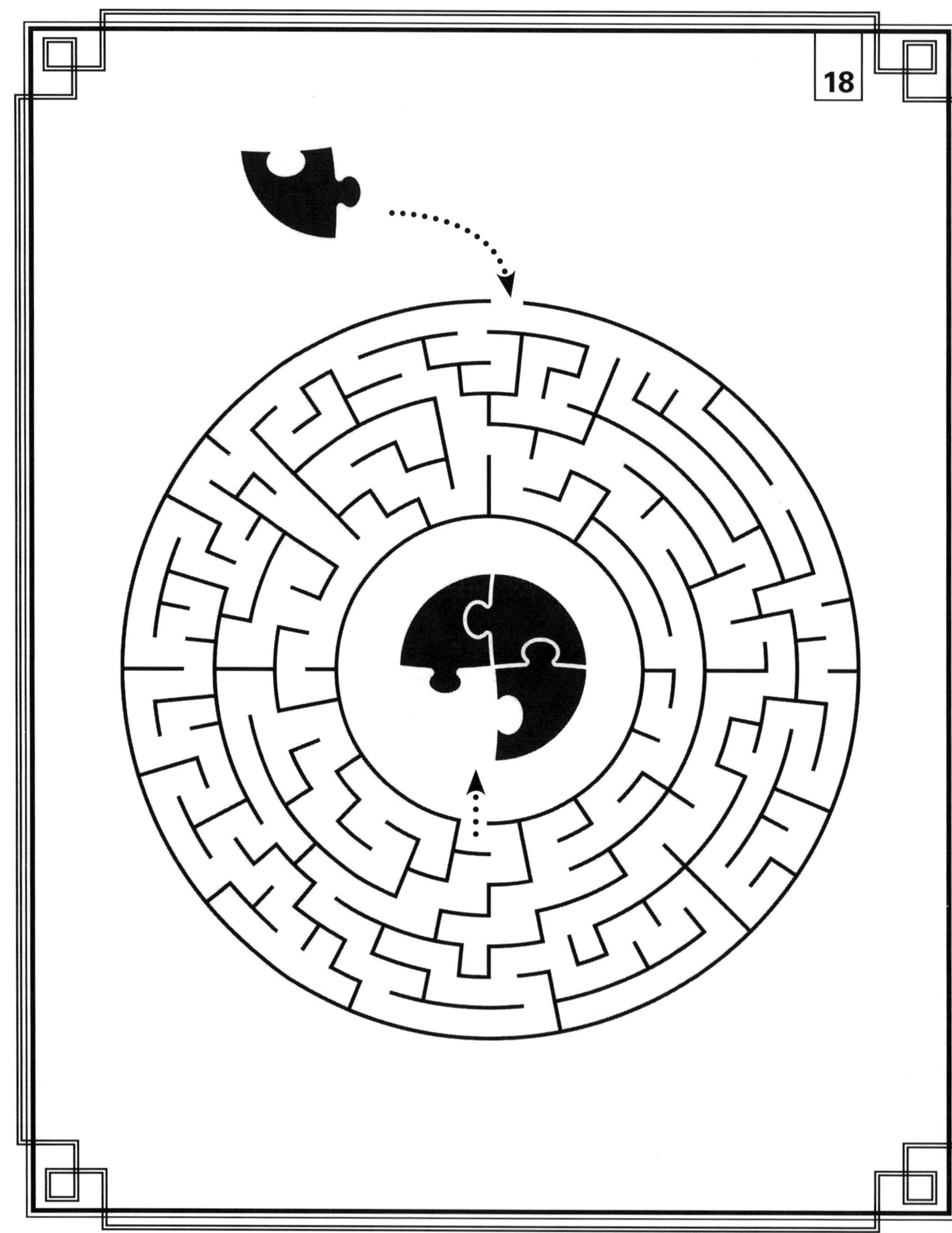

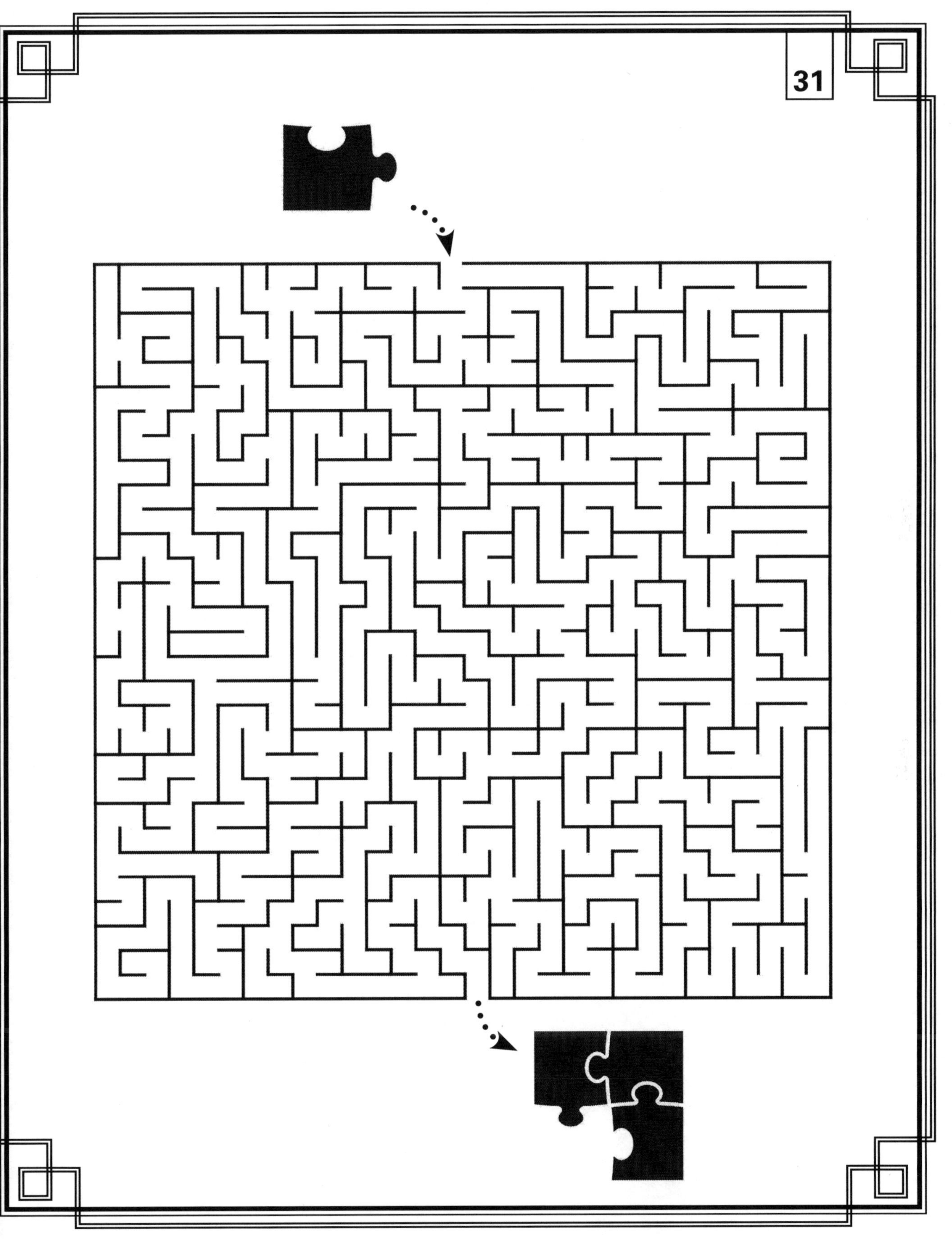

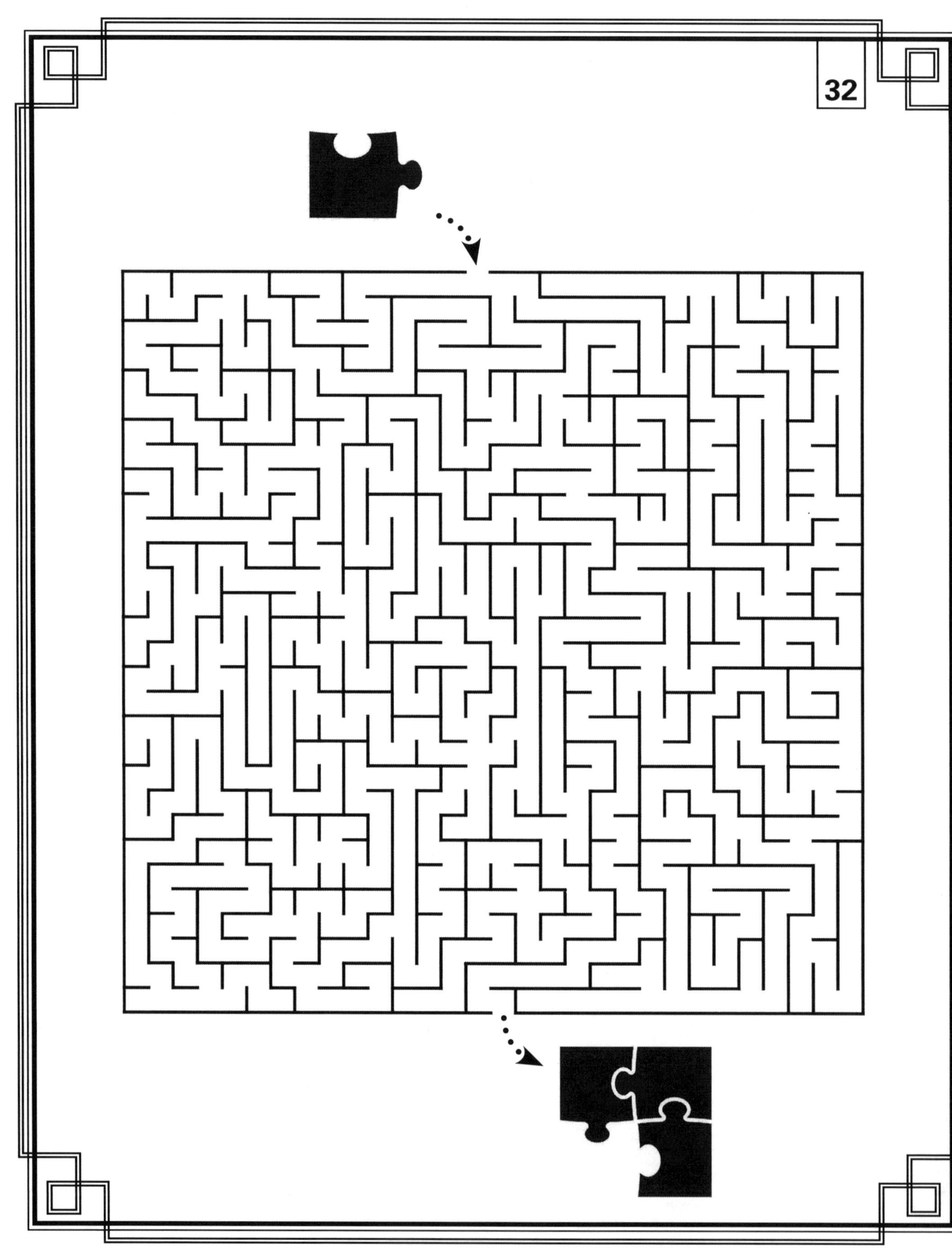

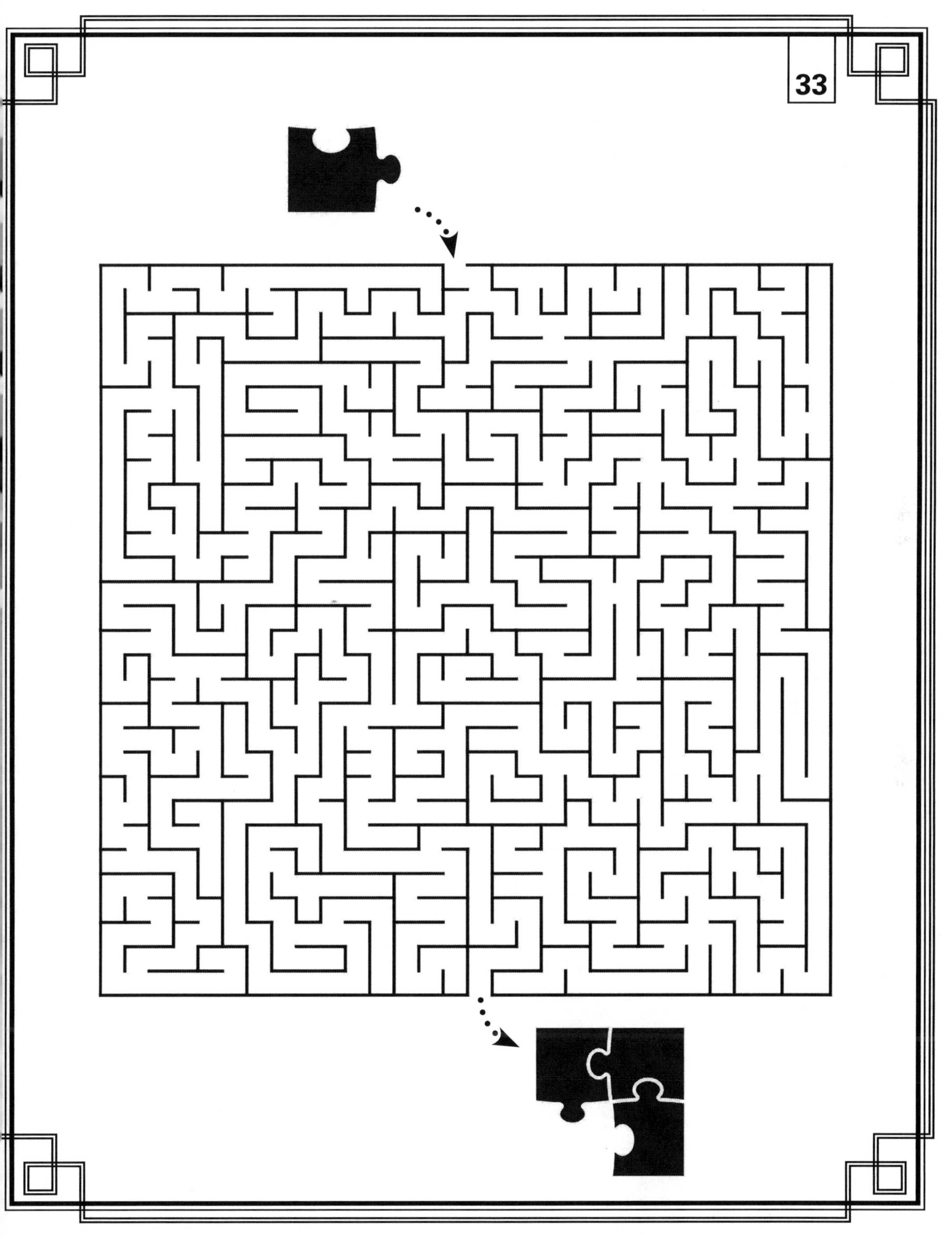

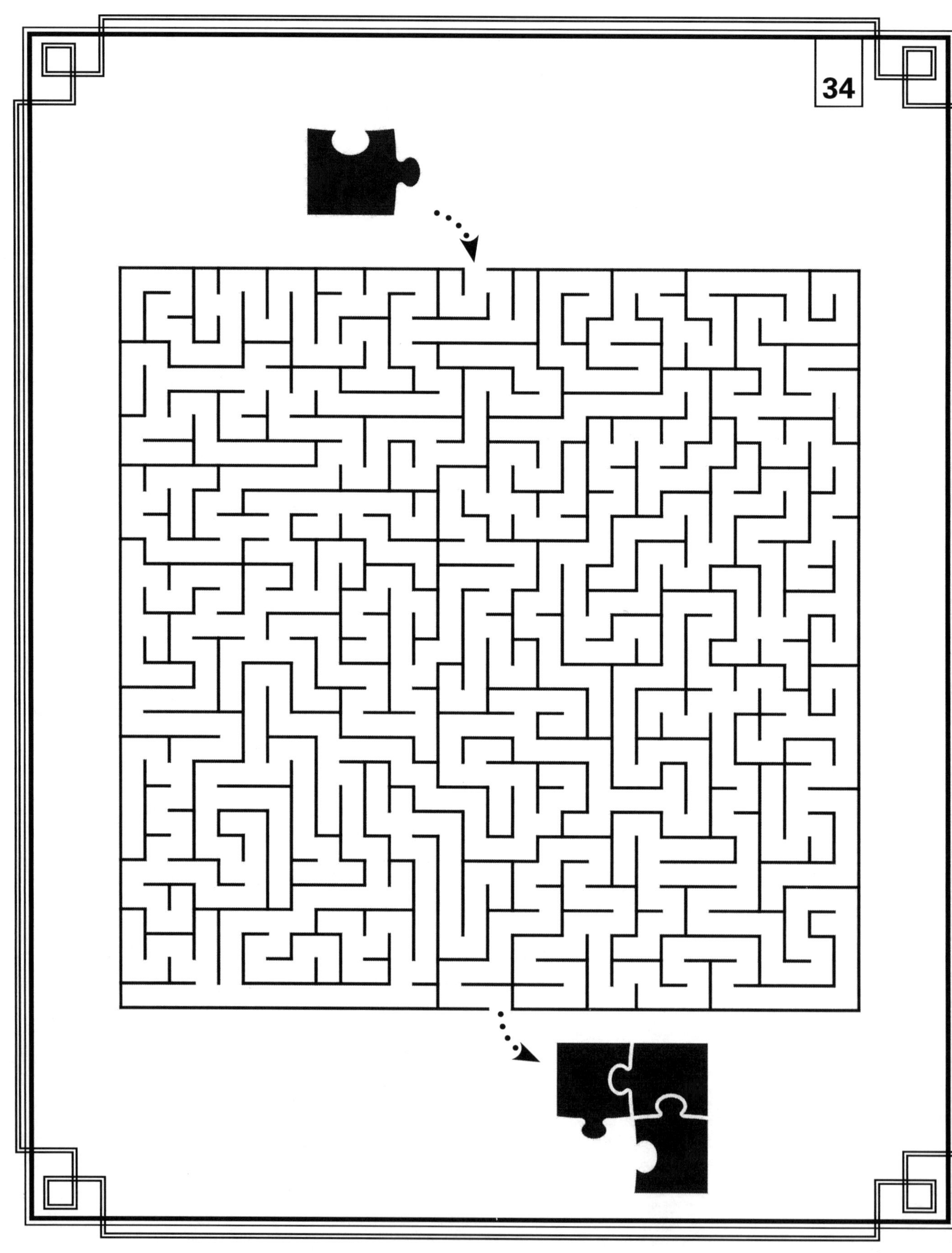

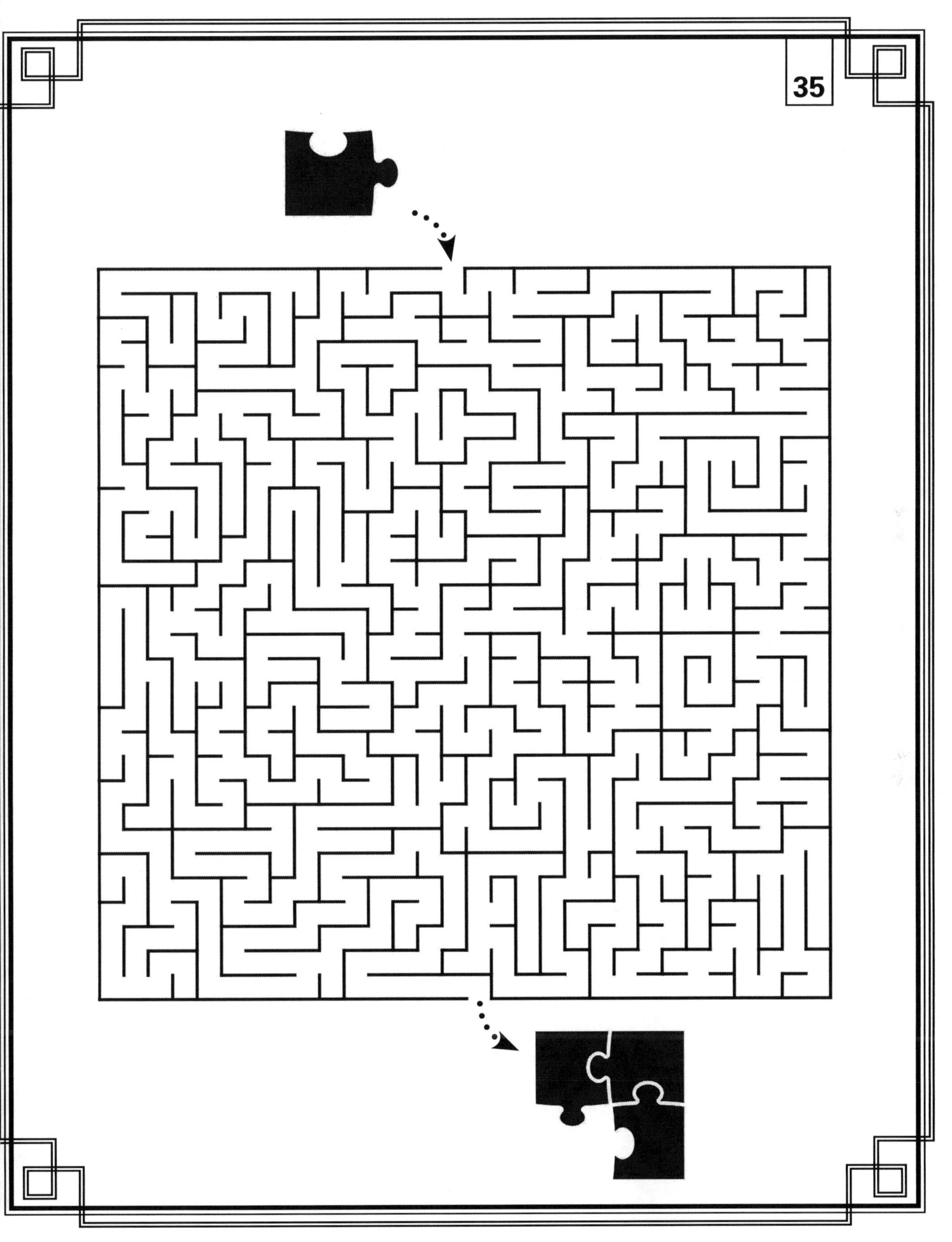

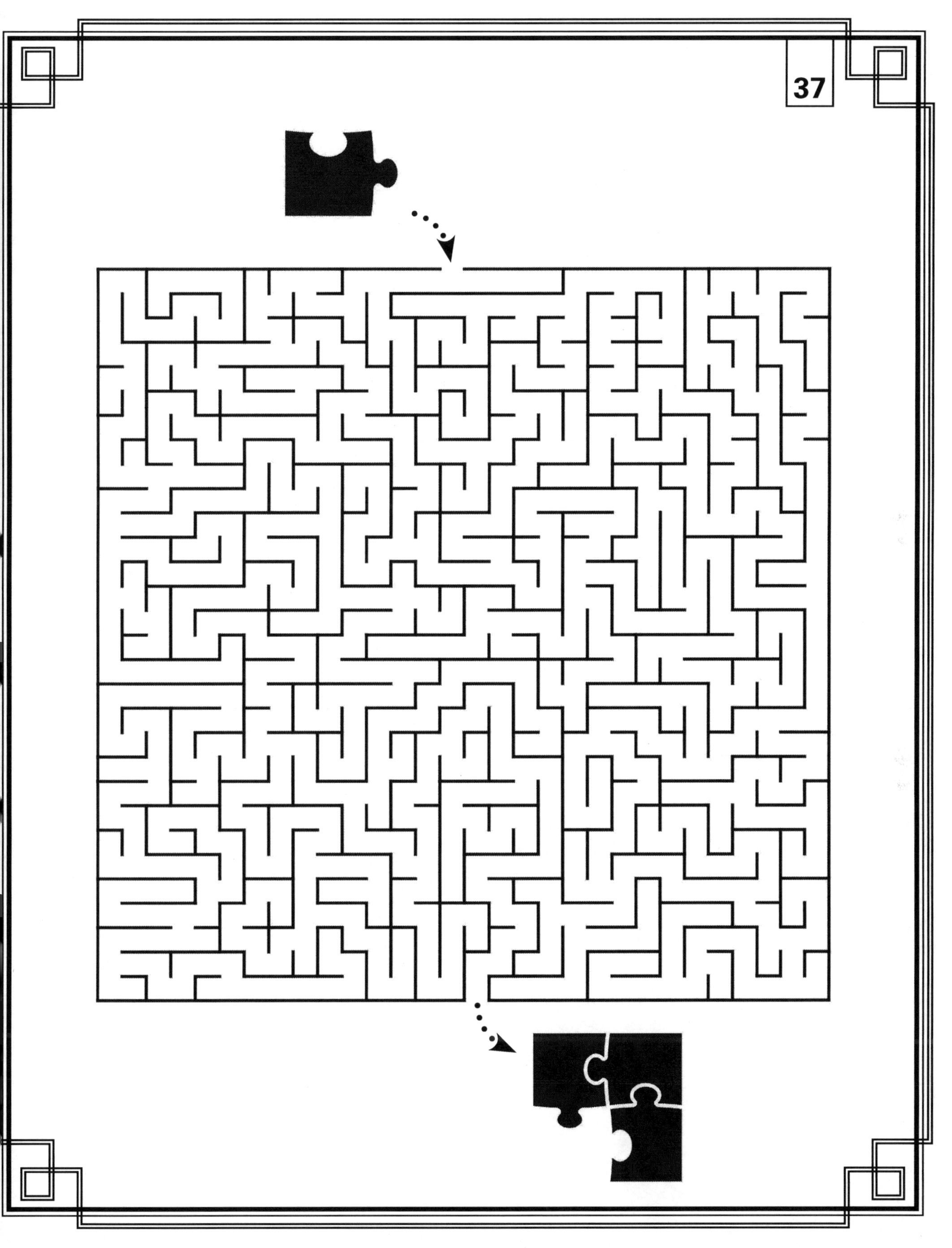

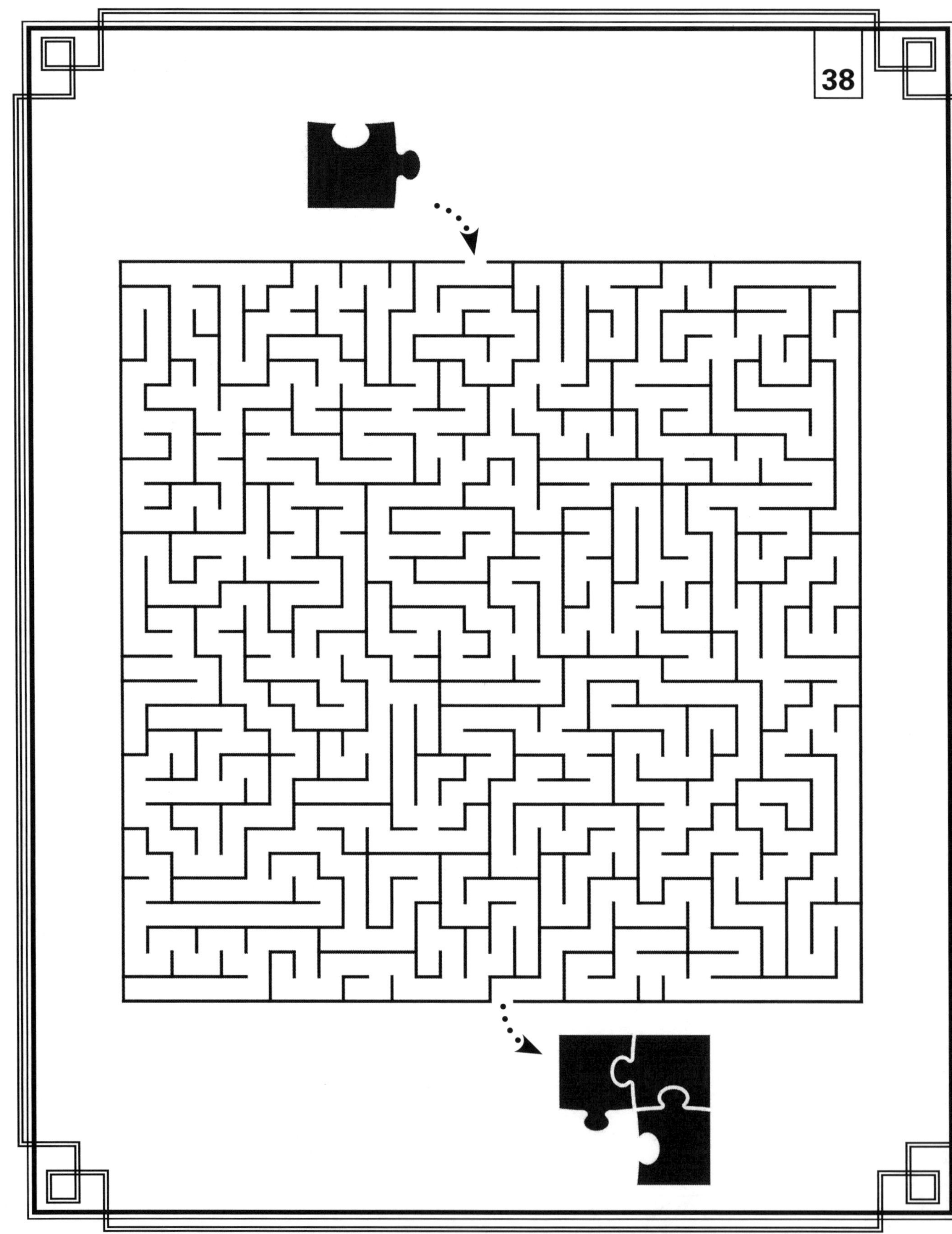

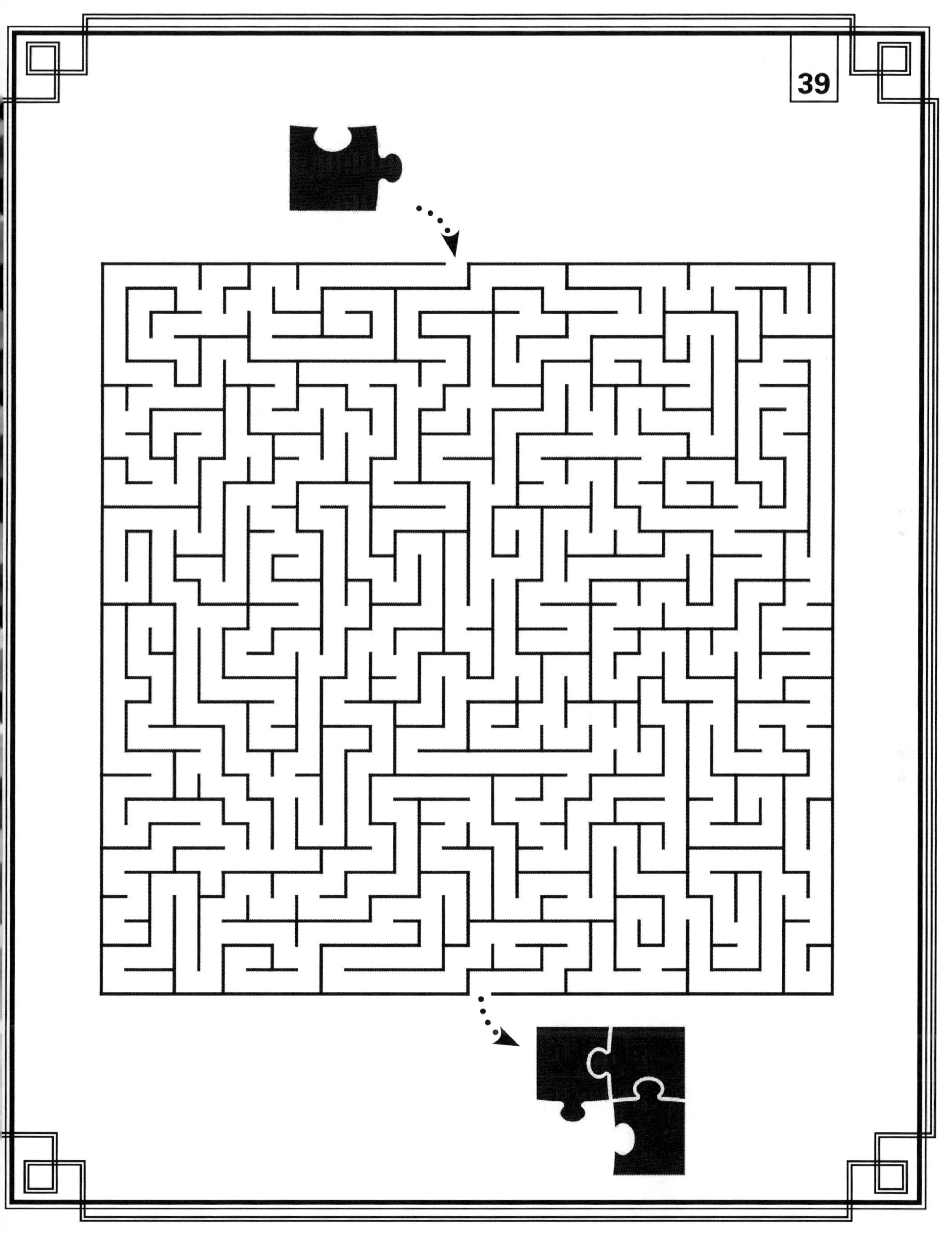

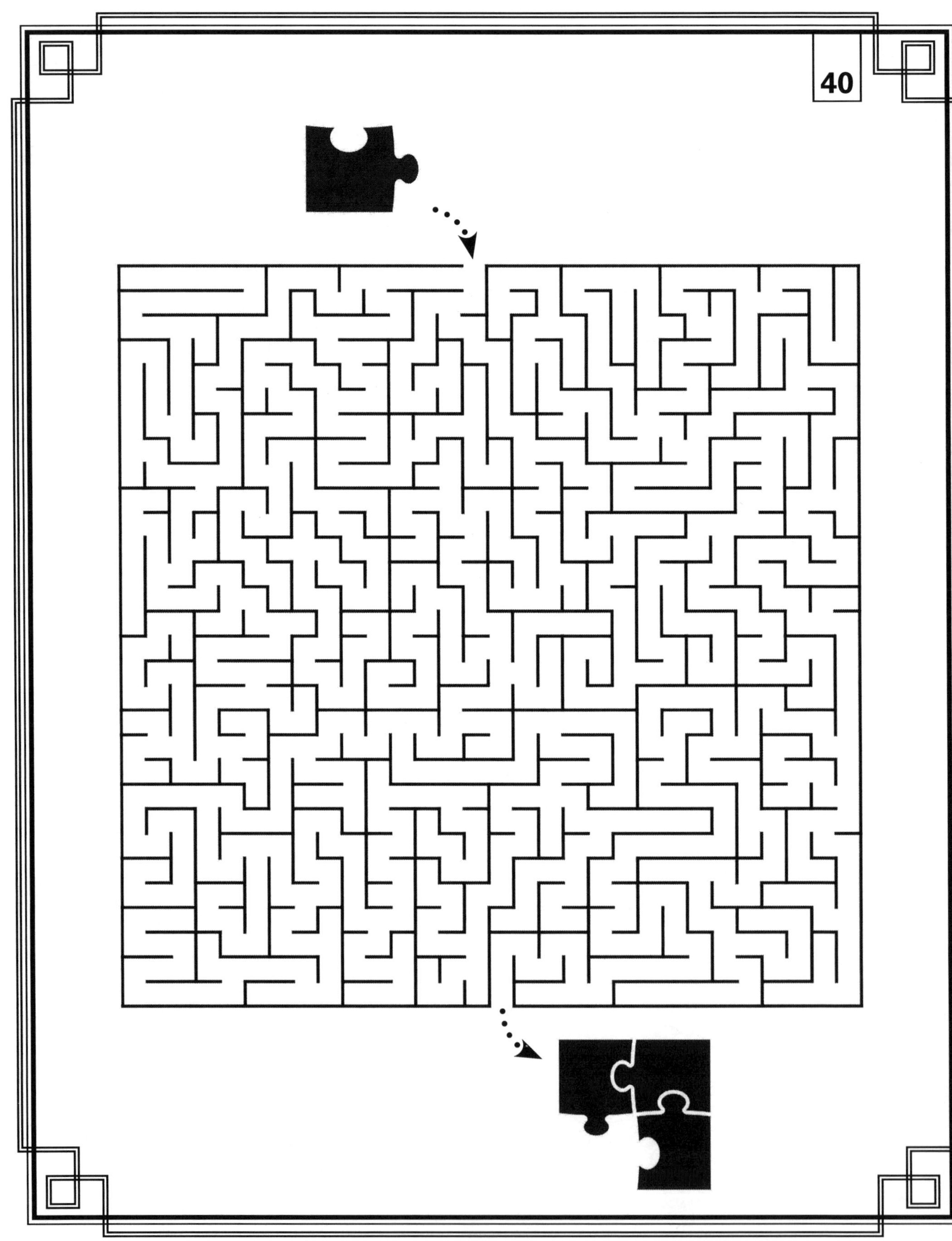

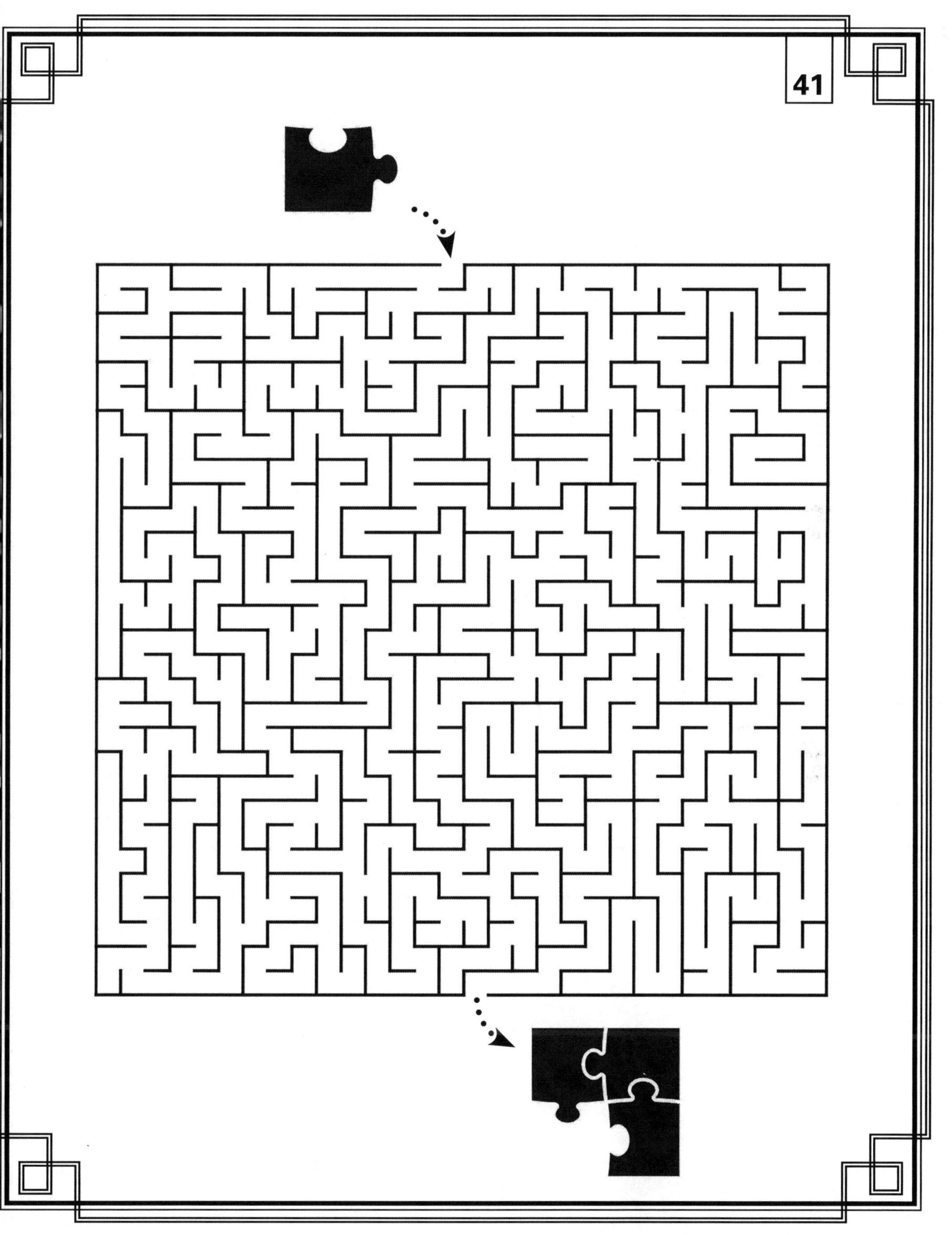

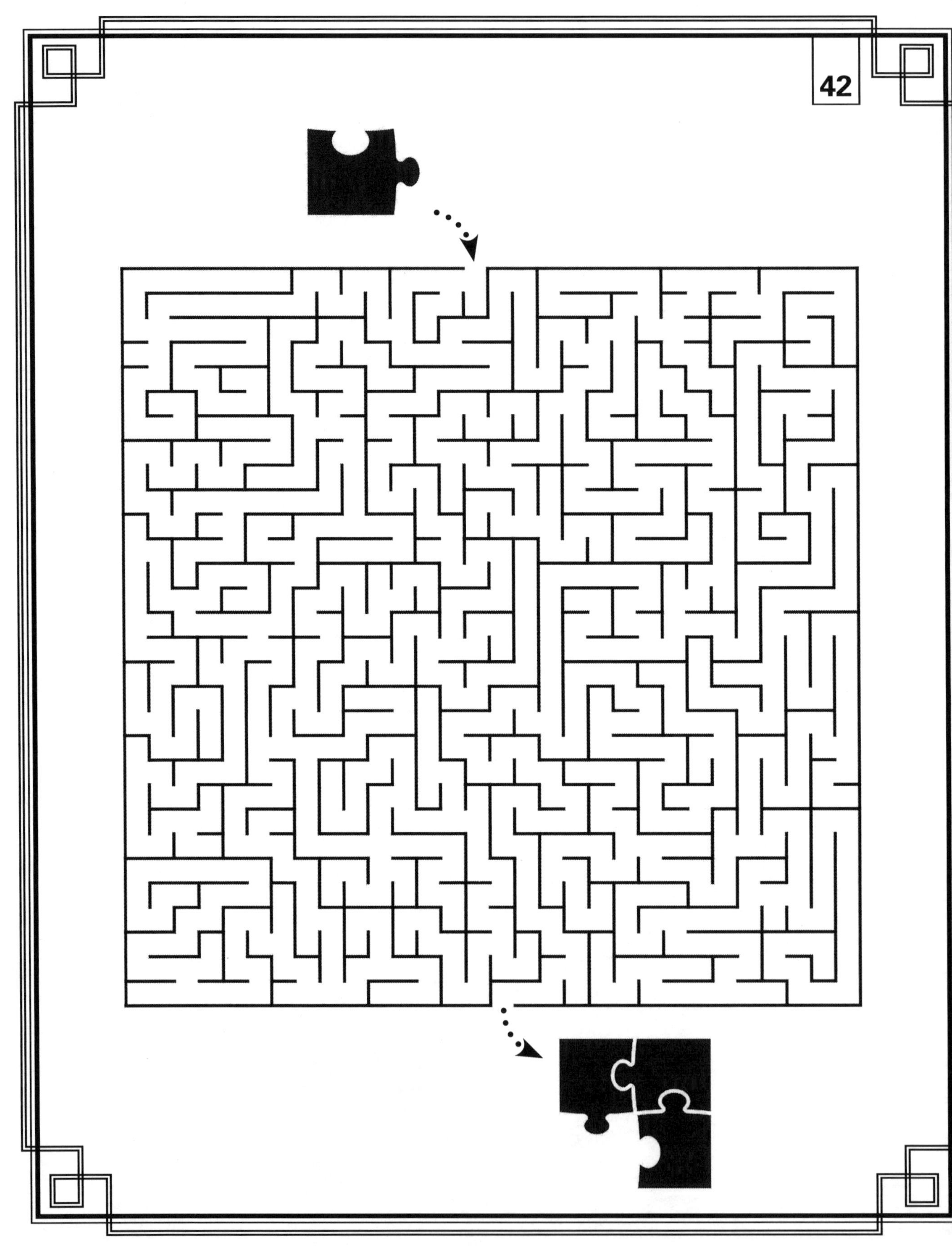

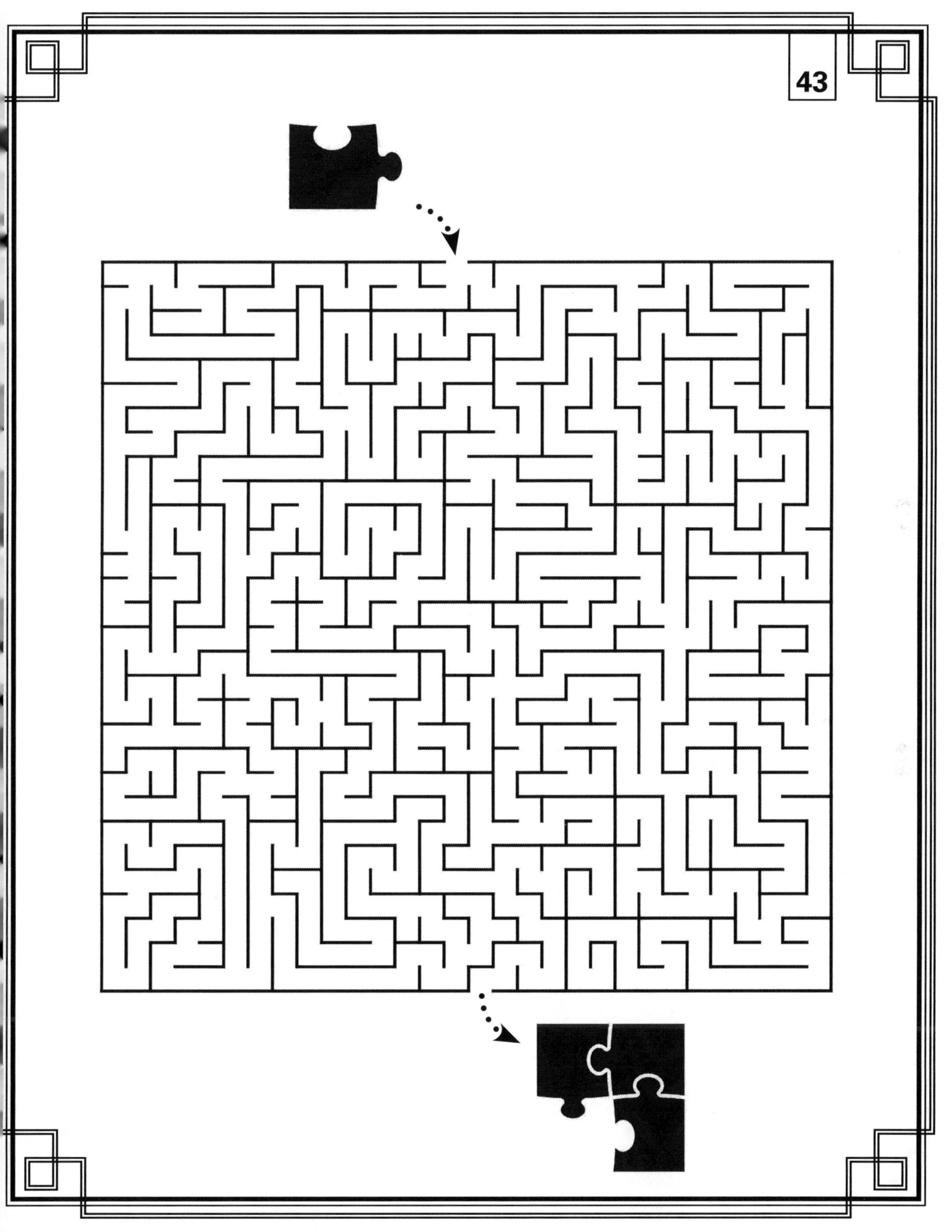

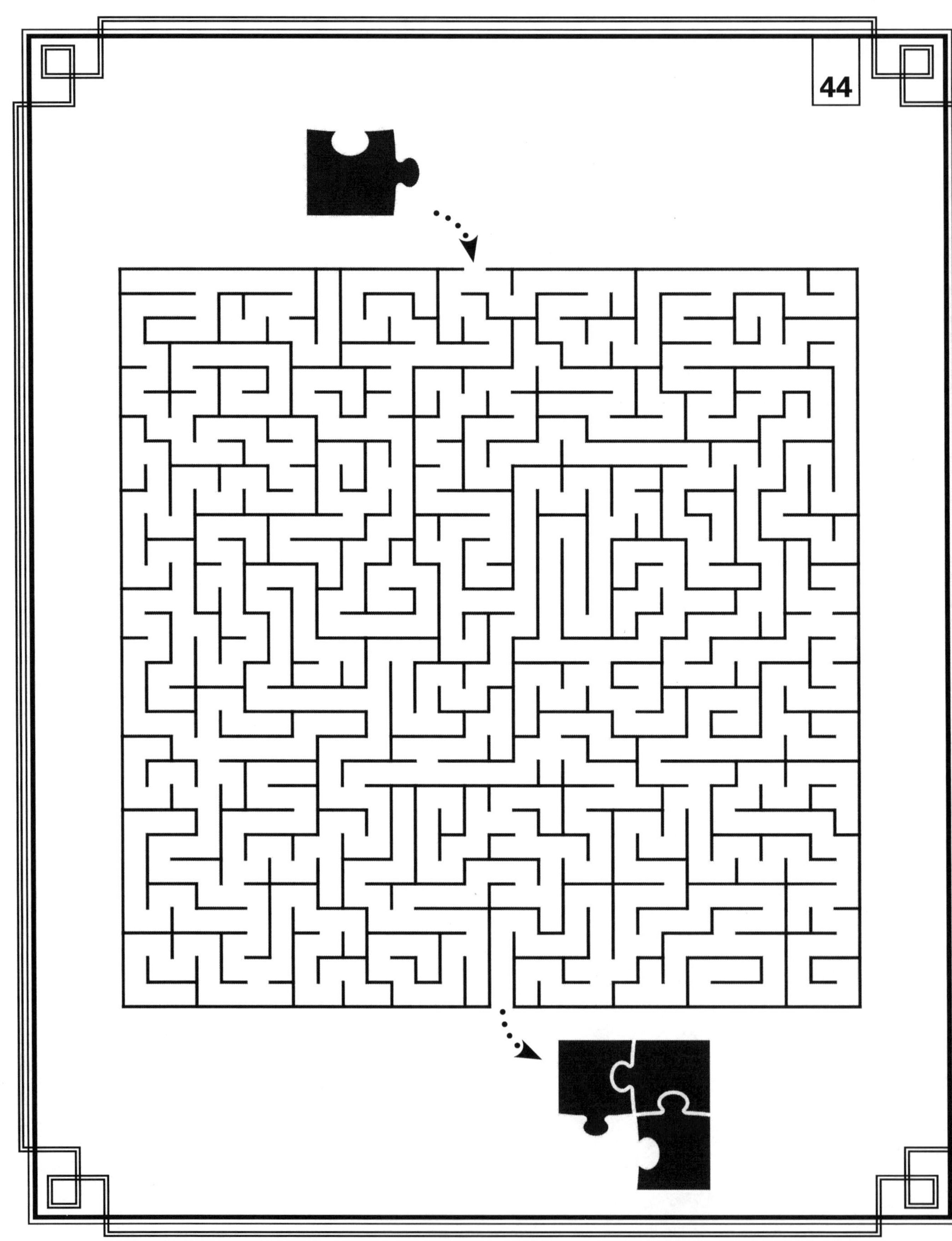

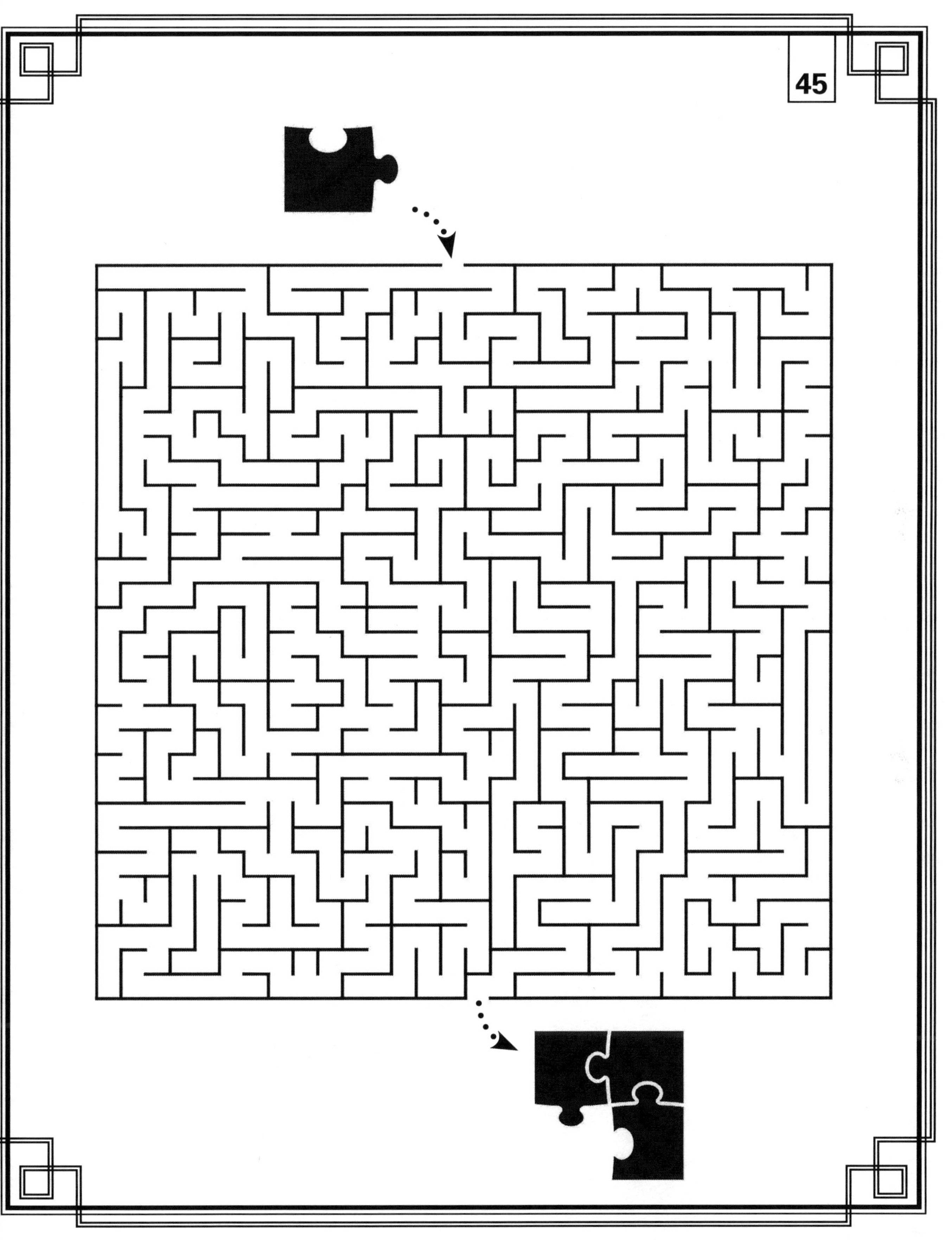

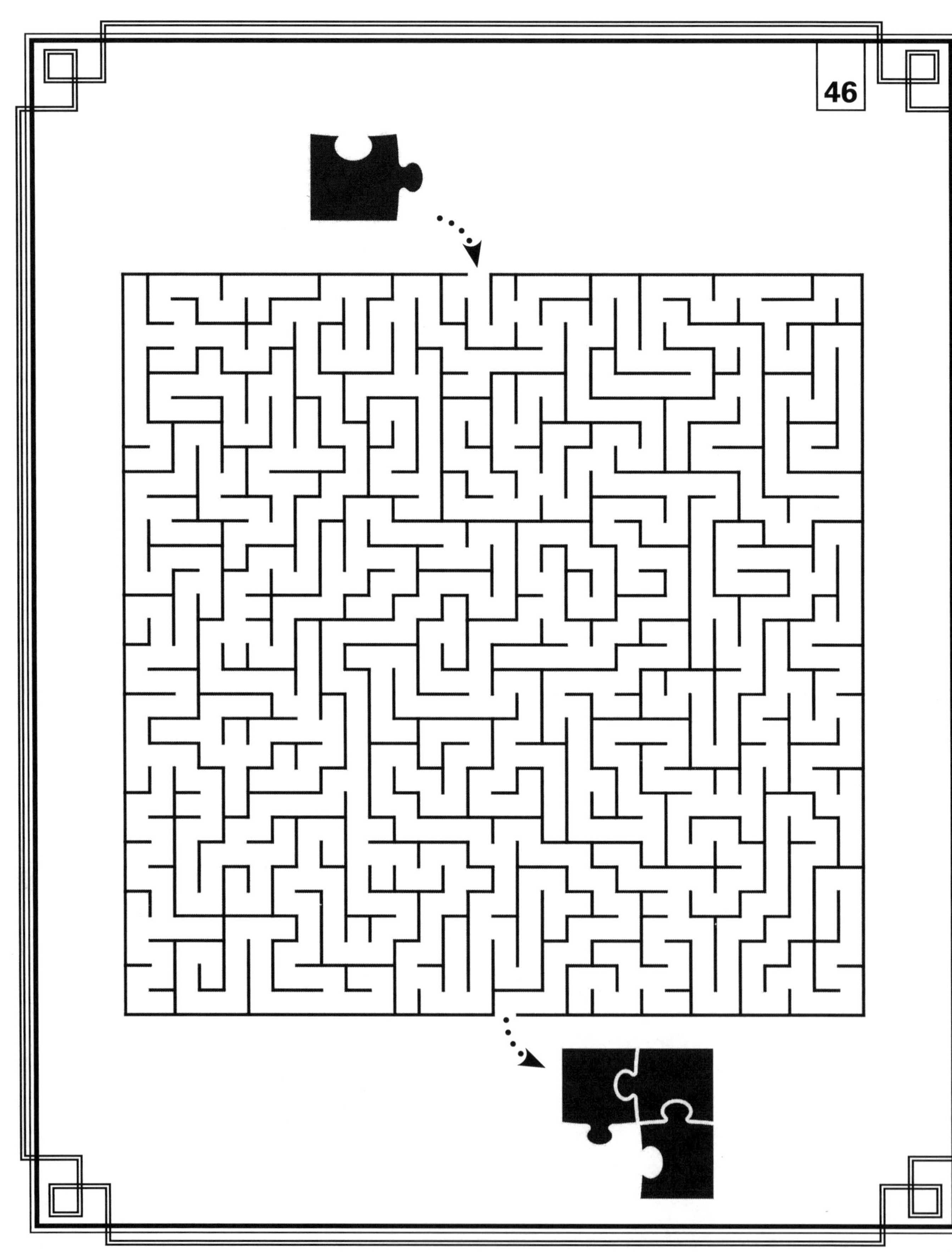

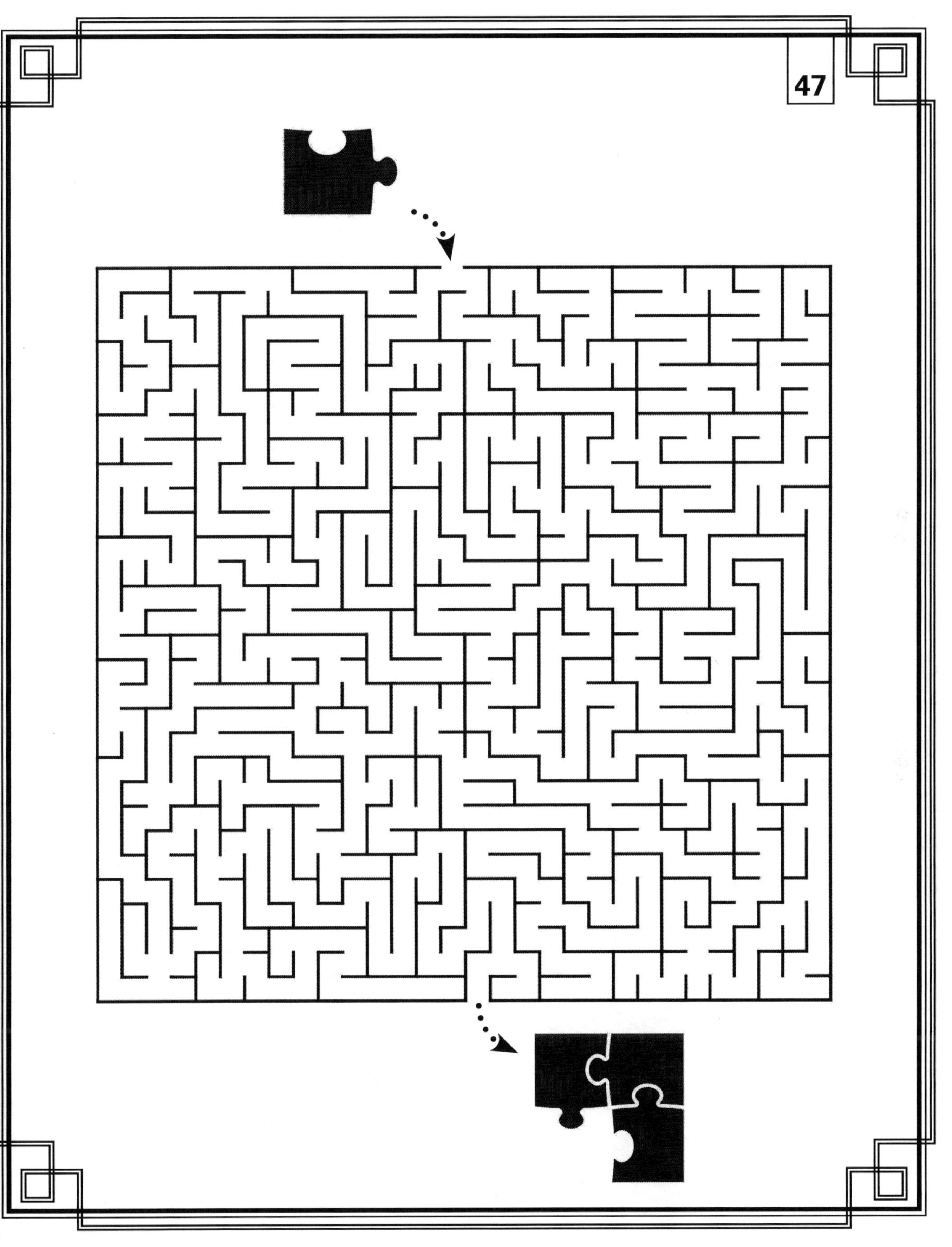

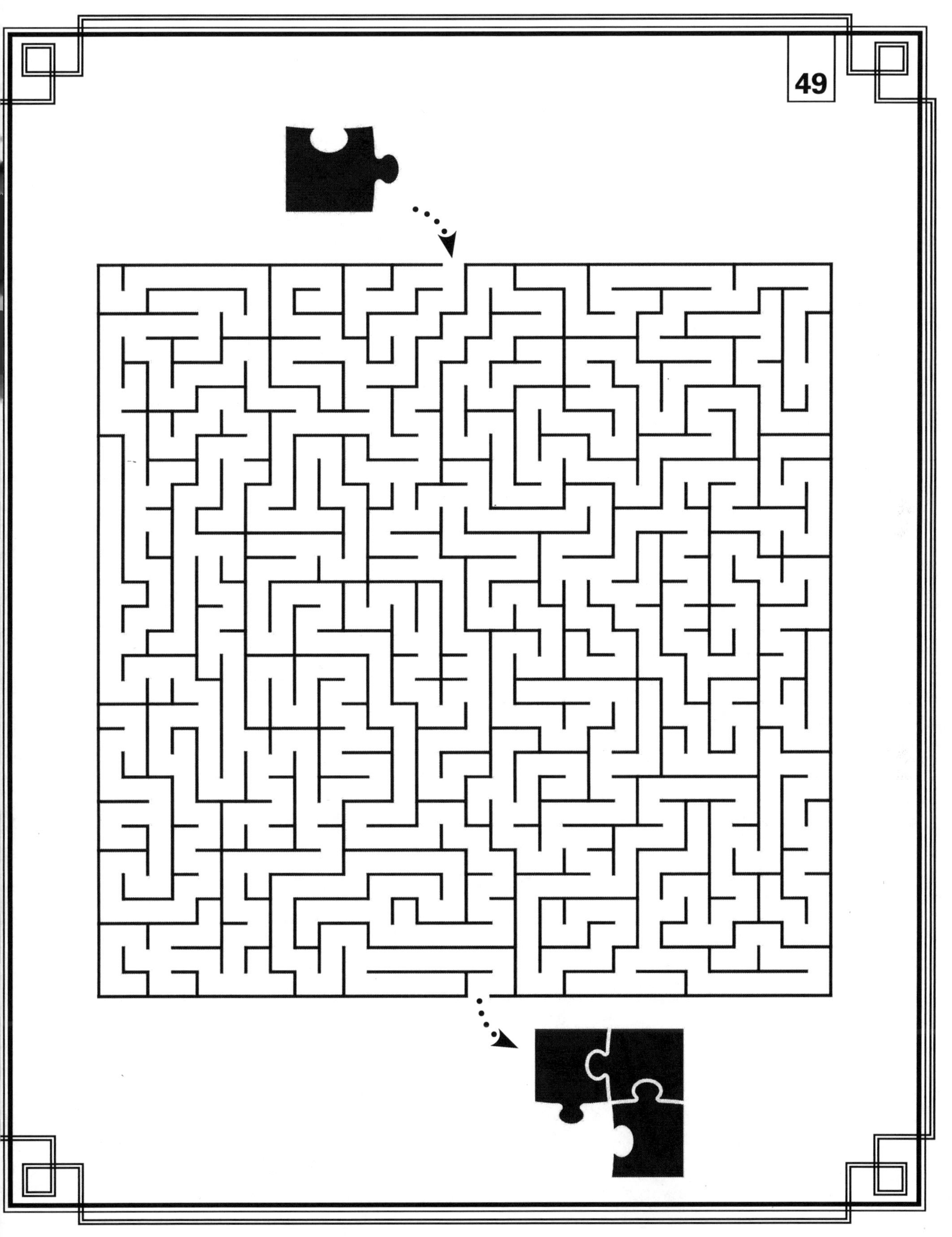

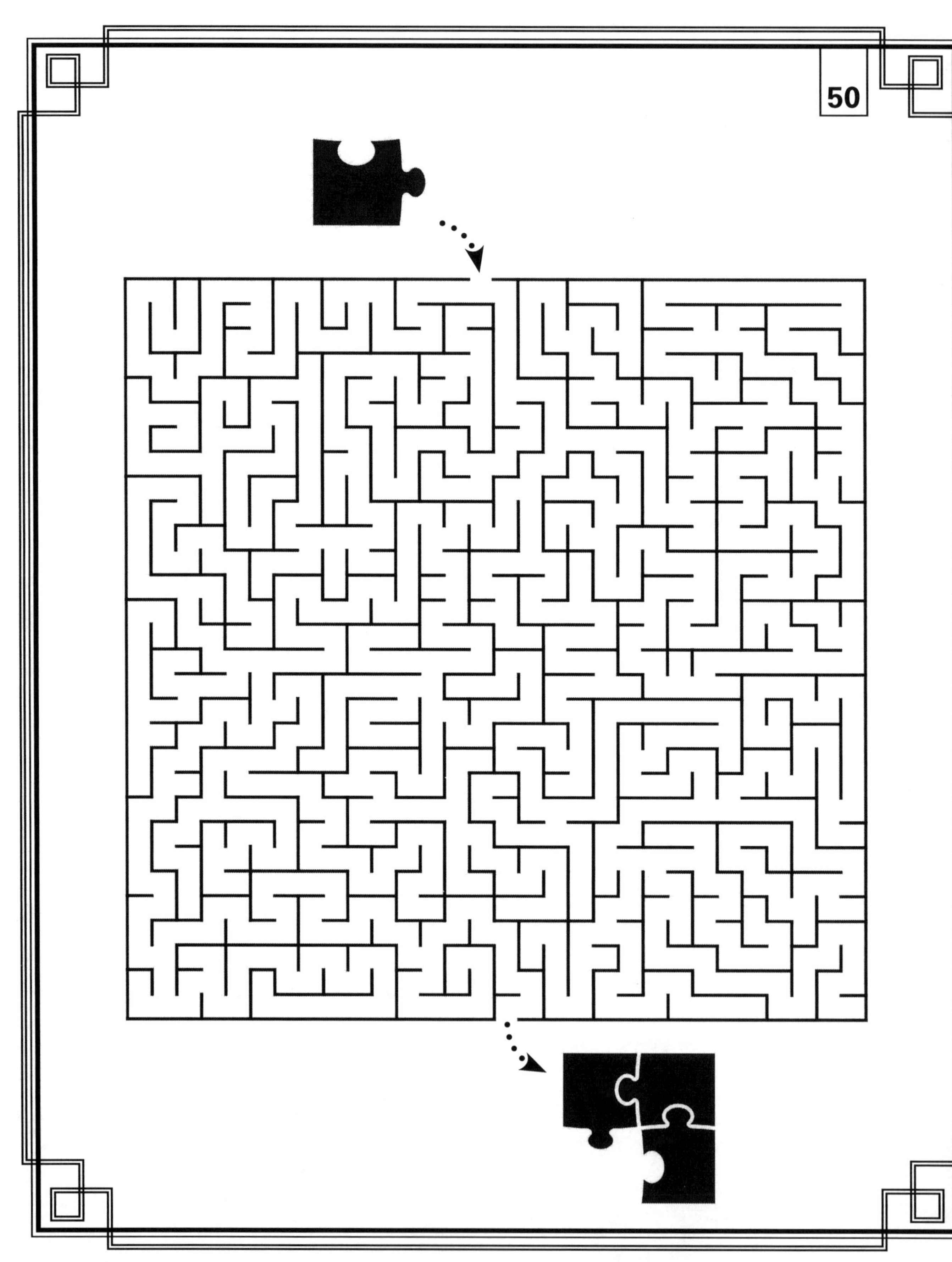

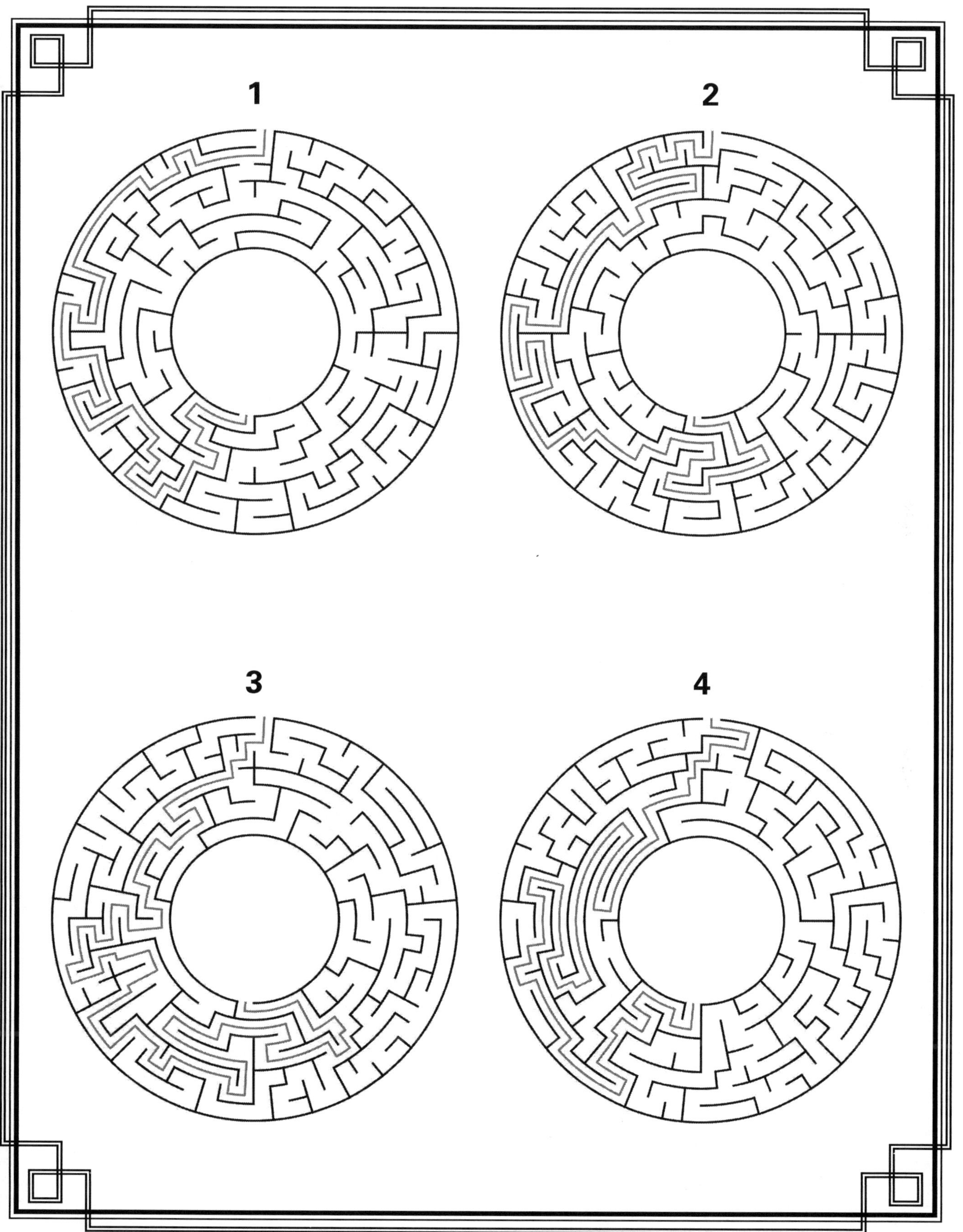

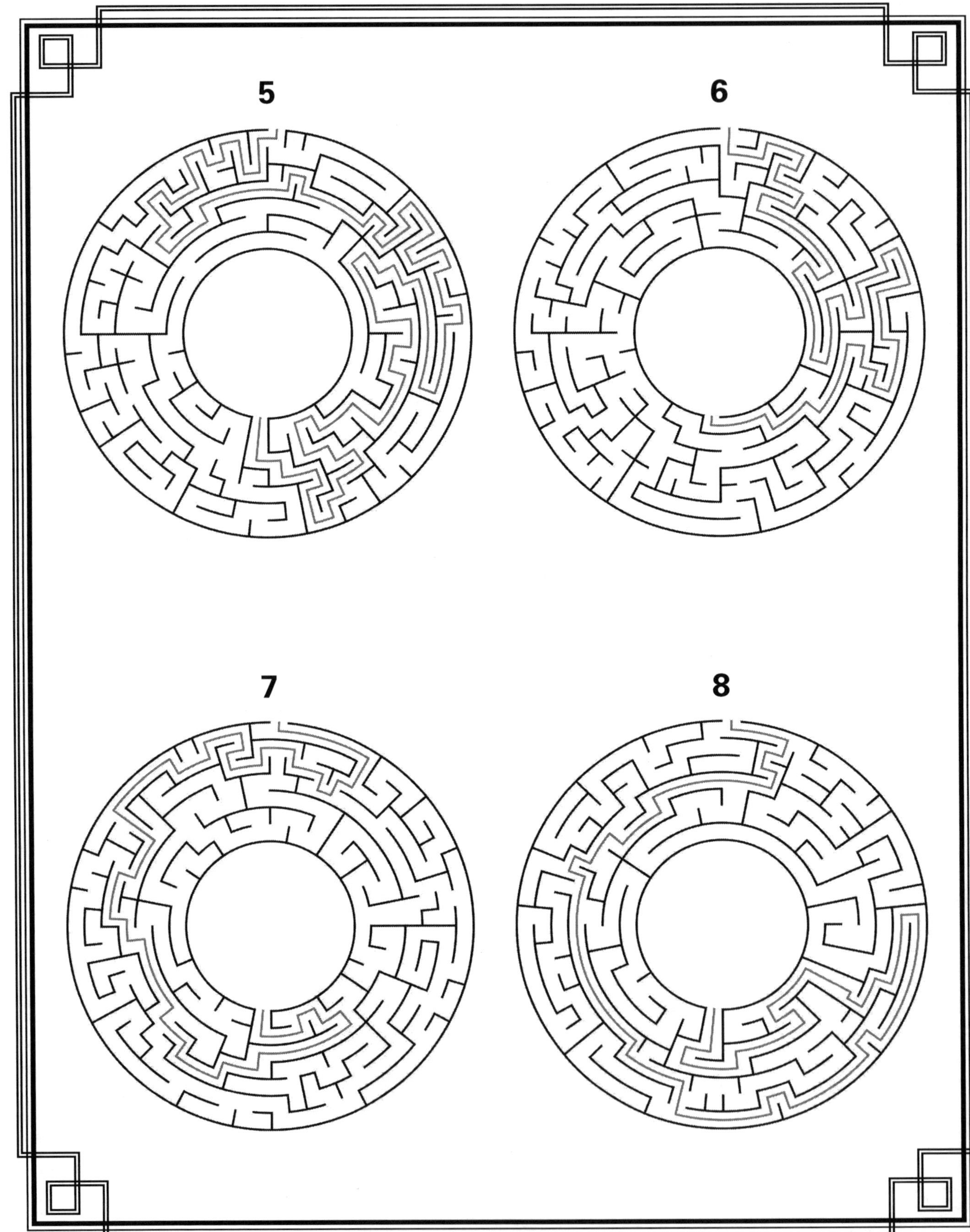

5
6
7
8

9

10

11

12

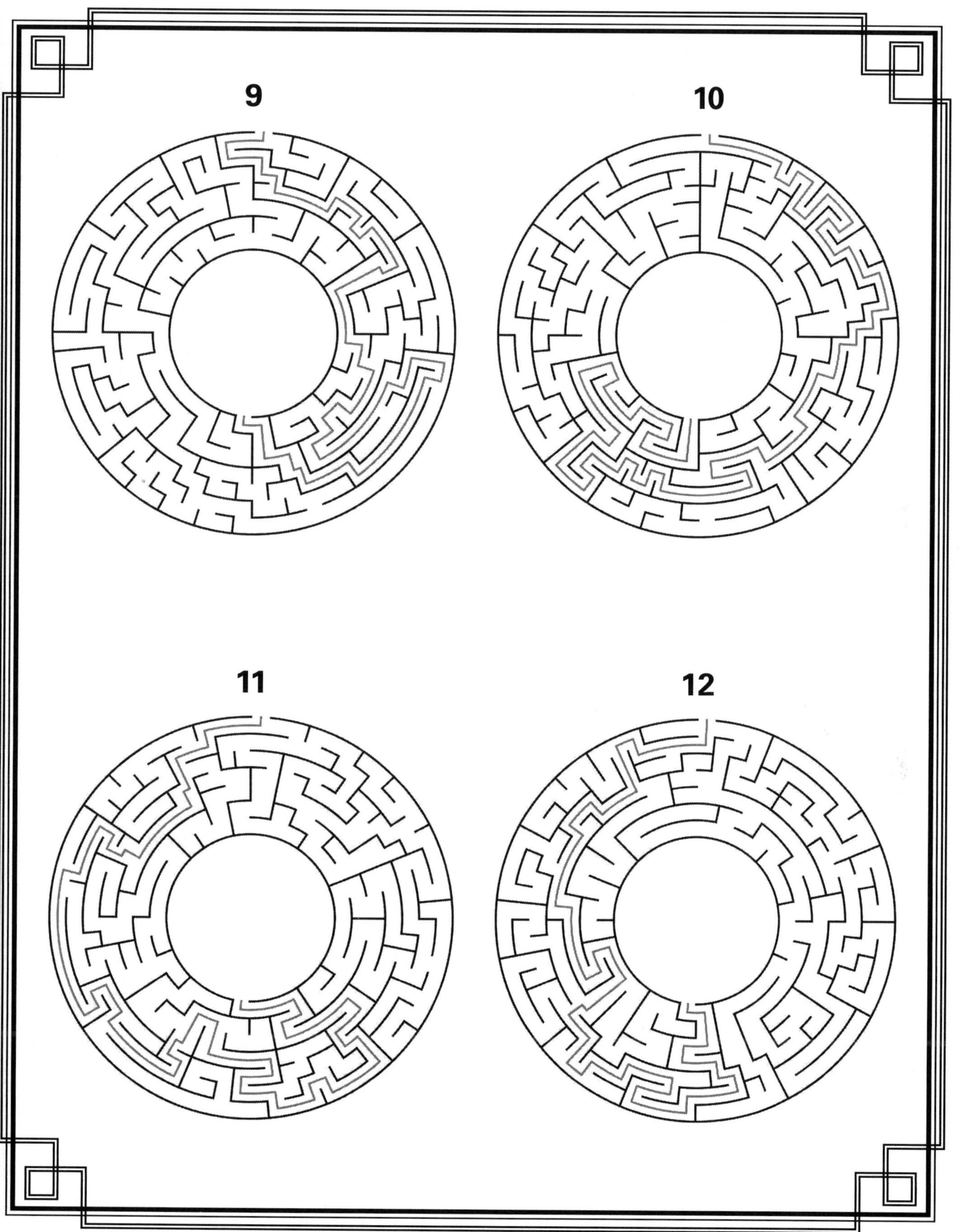

13

14

15

16

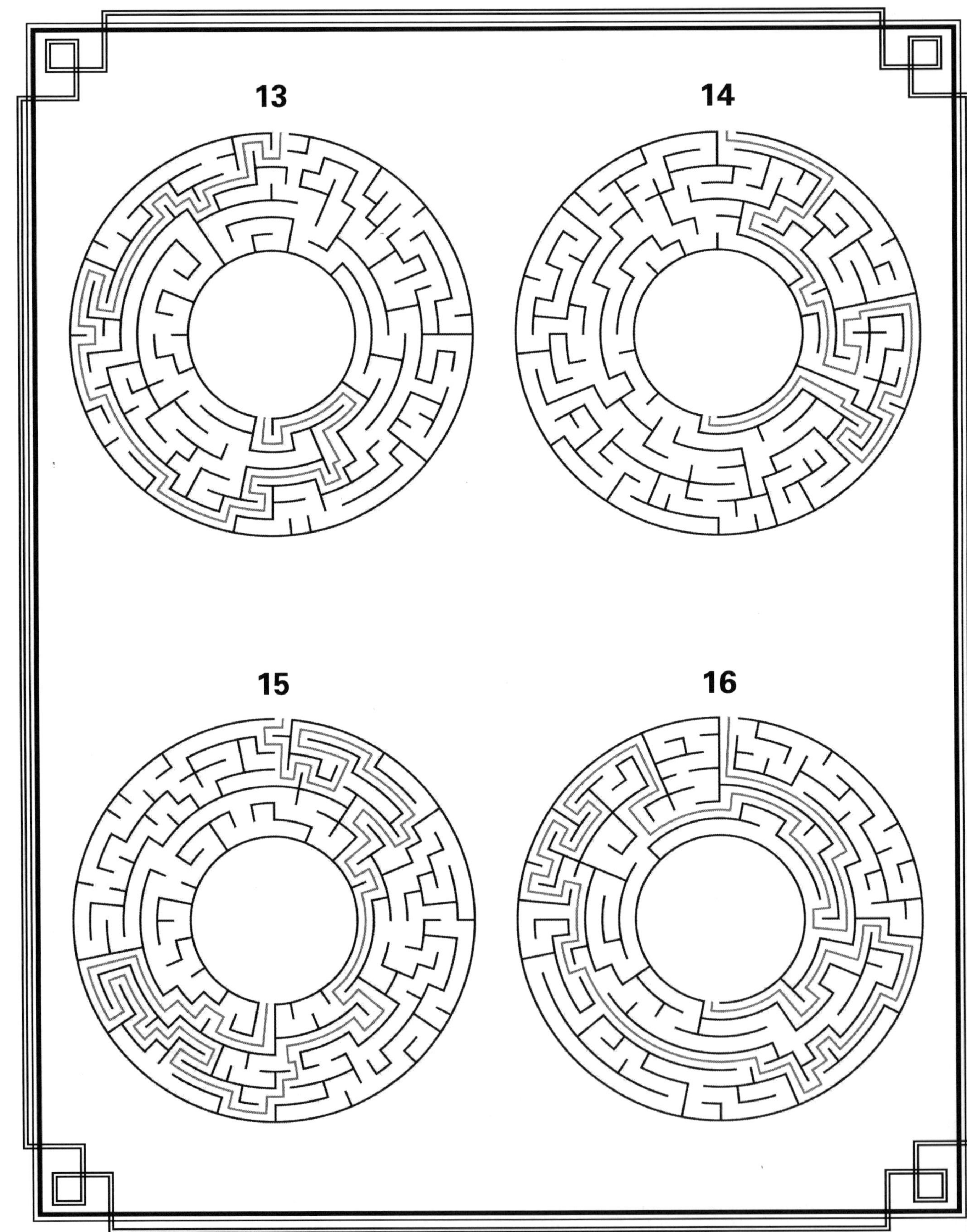

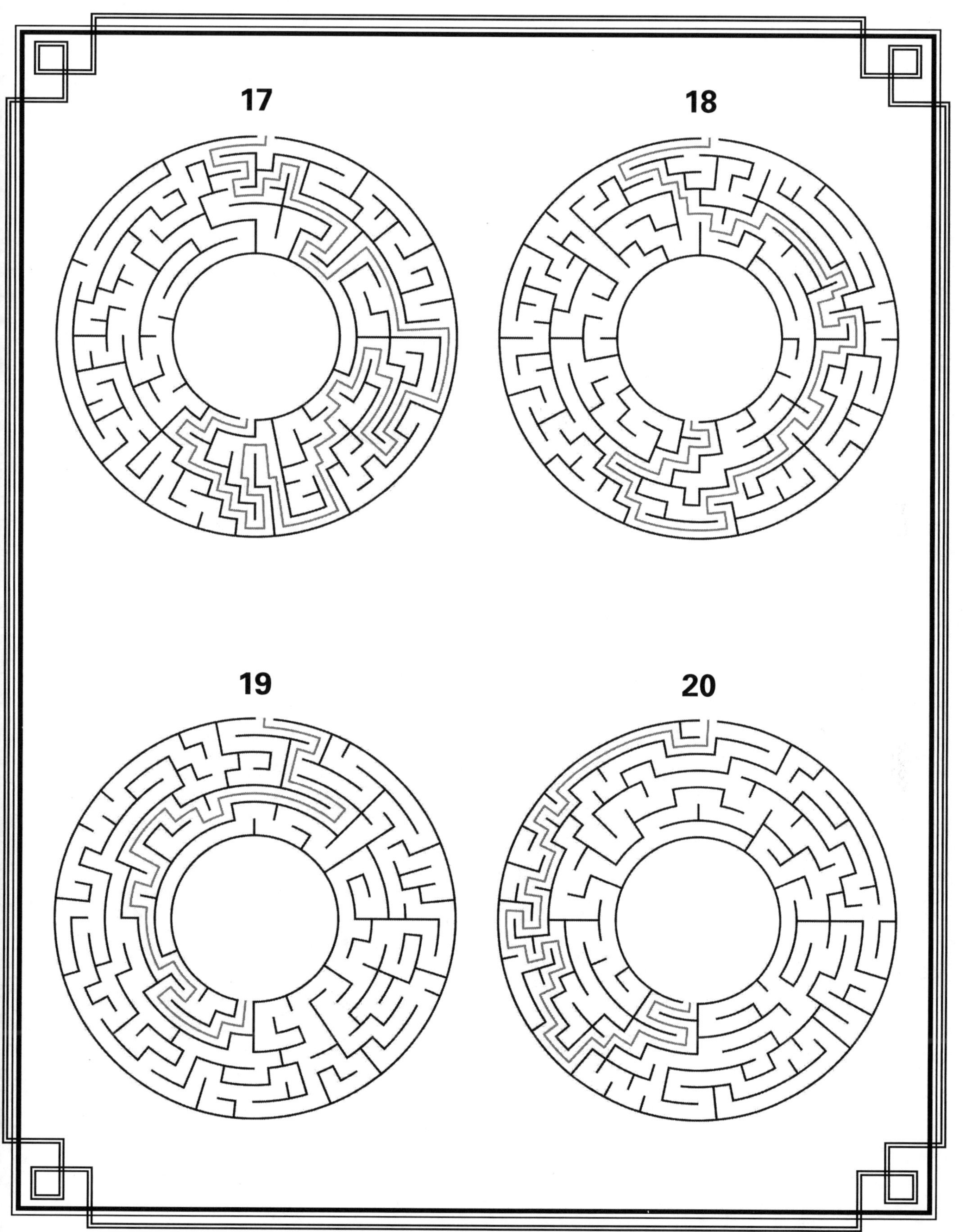

17

18

19

20

21

22

23

24

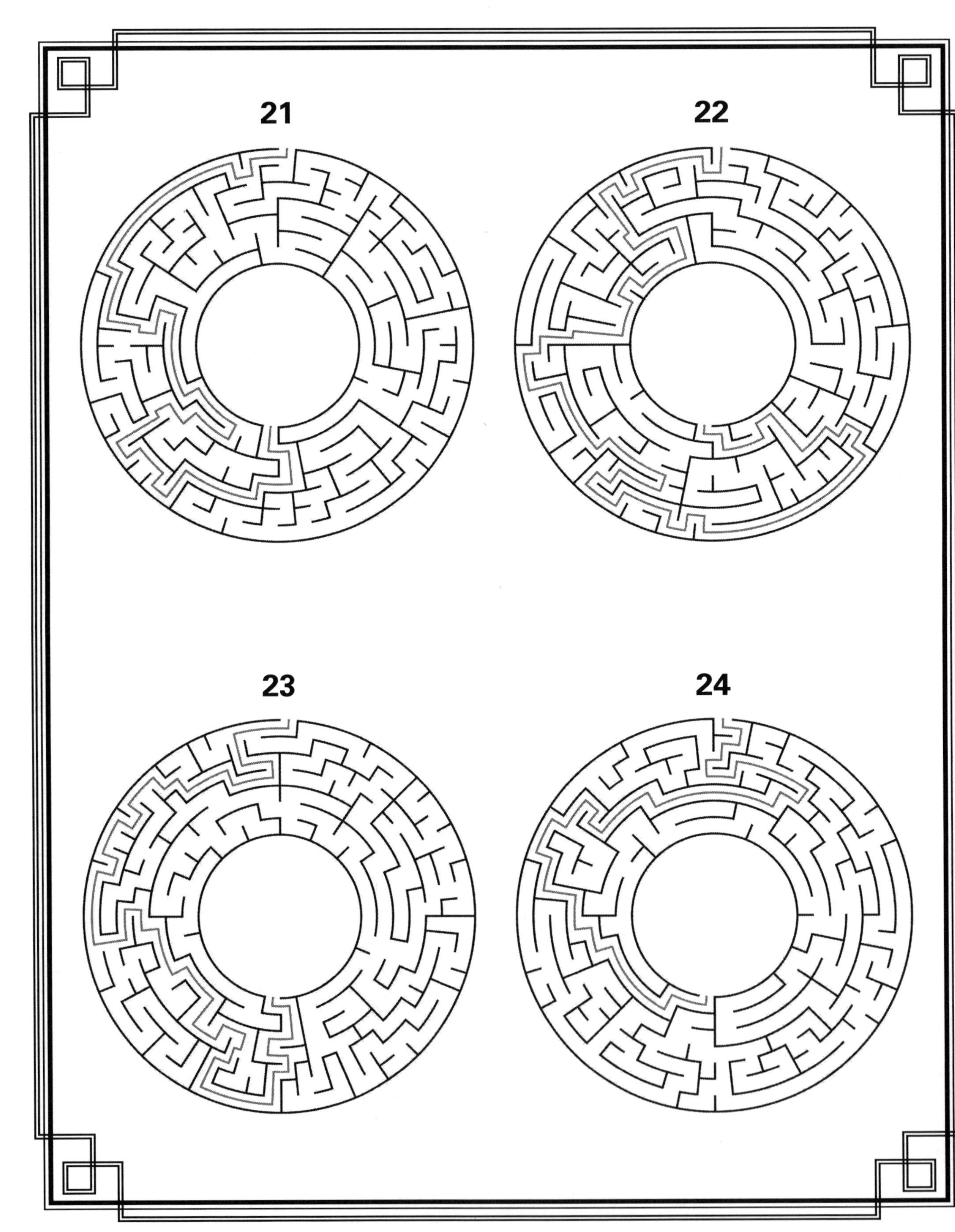

25

26

27

28

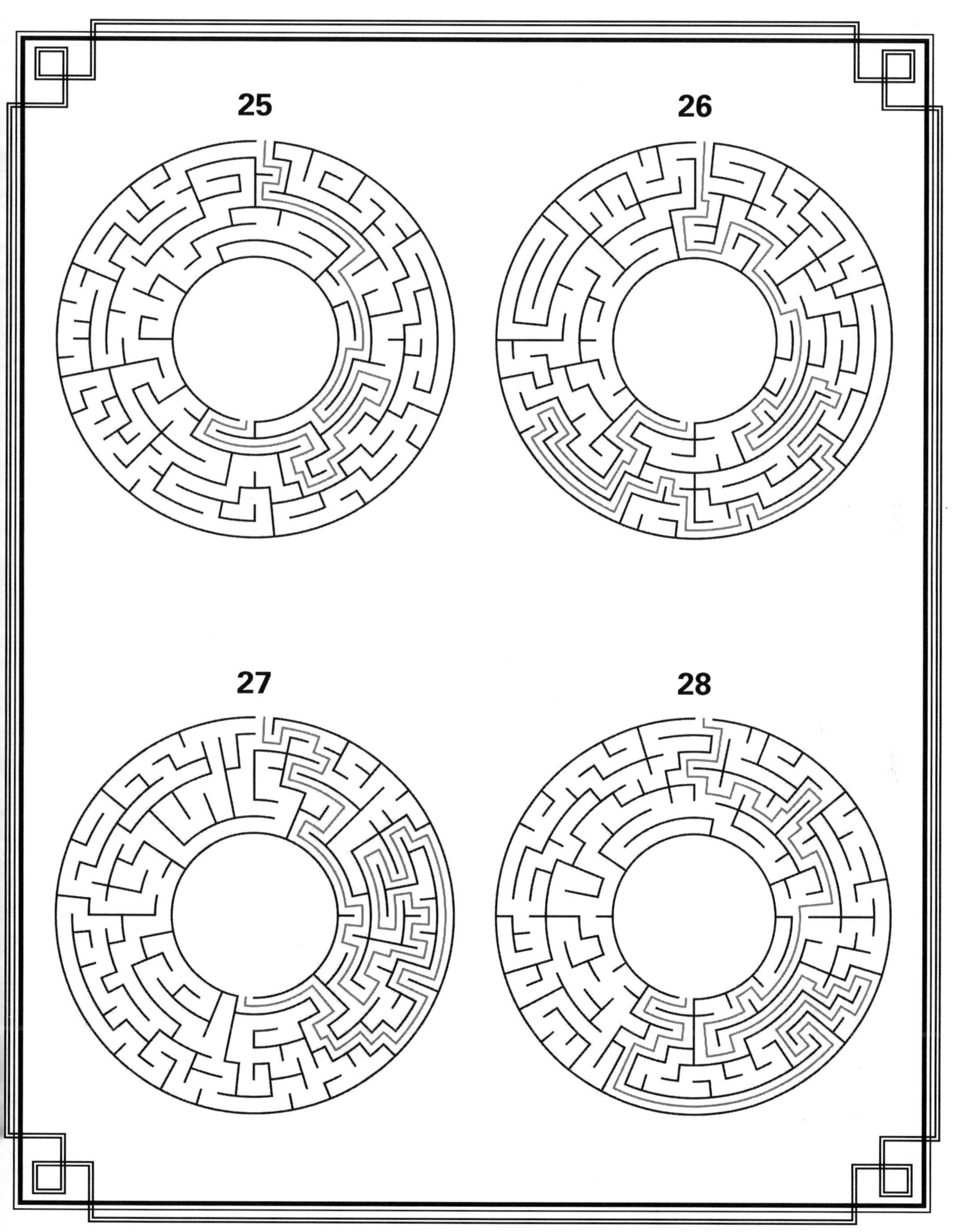

29   30

31   32

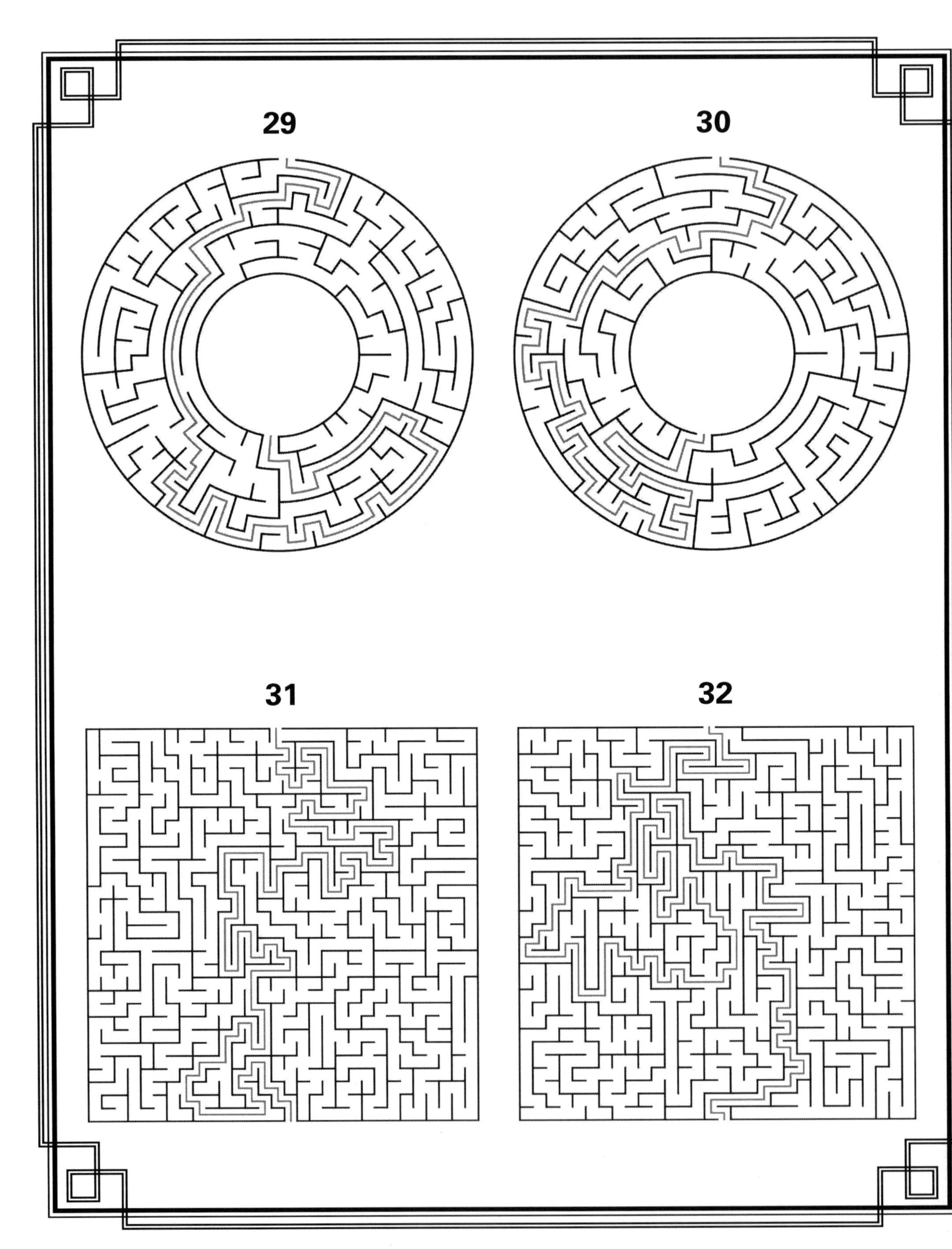

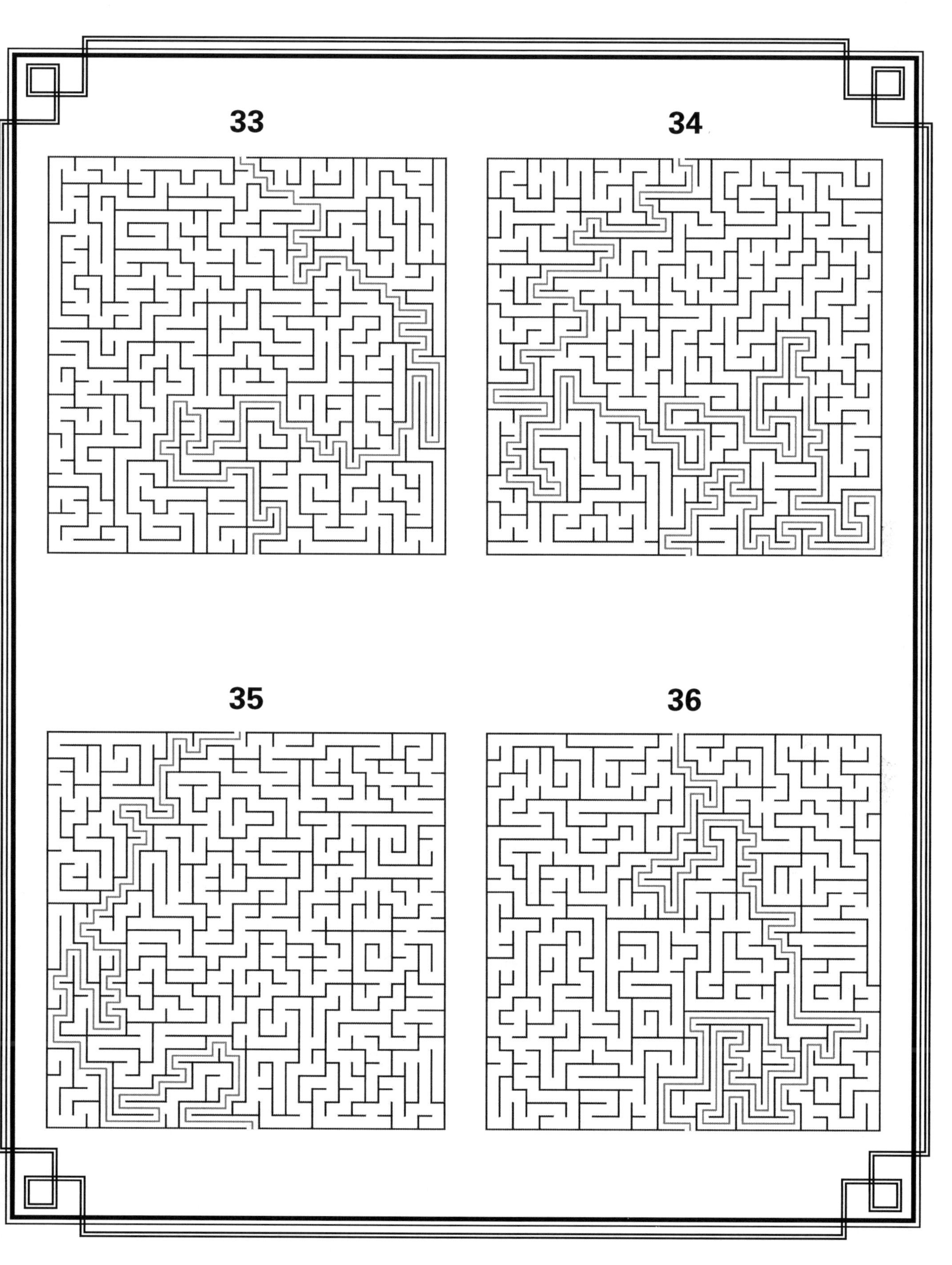

33
34
35
36

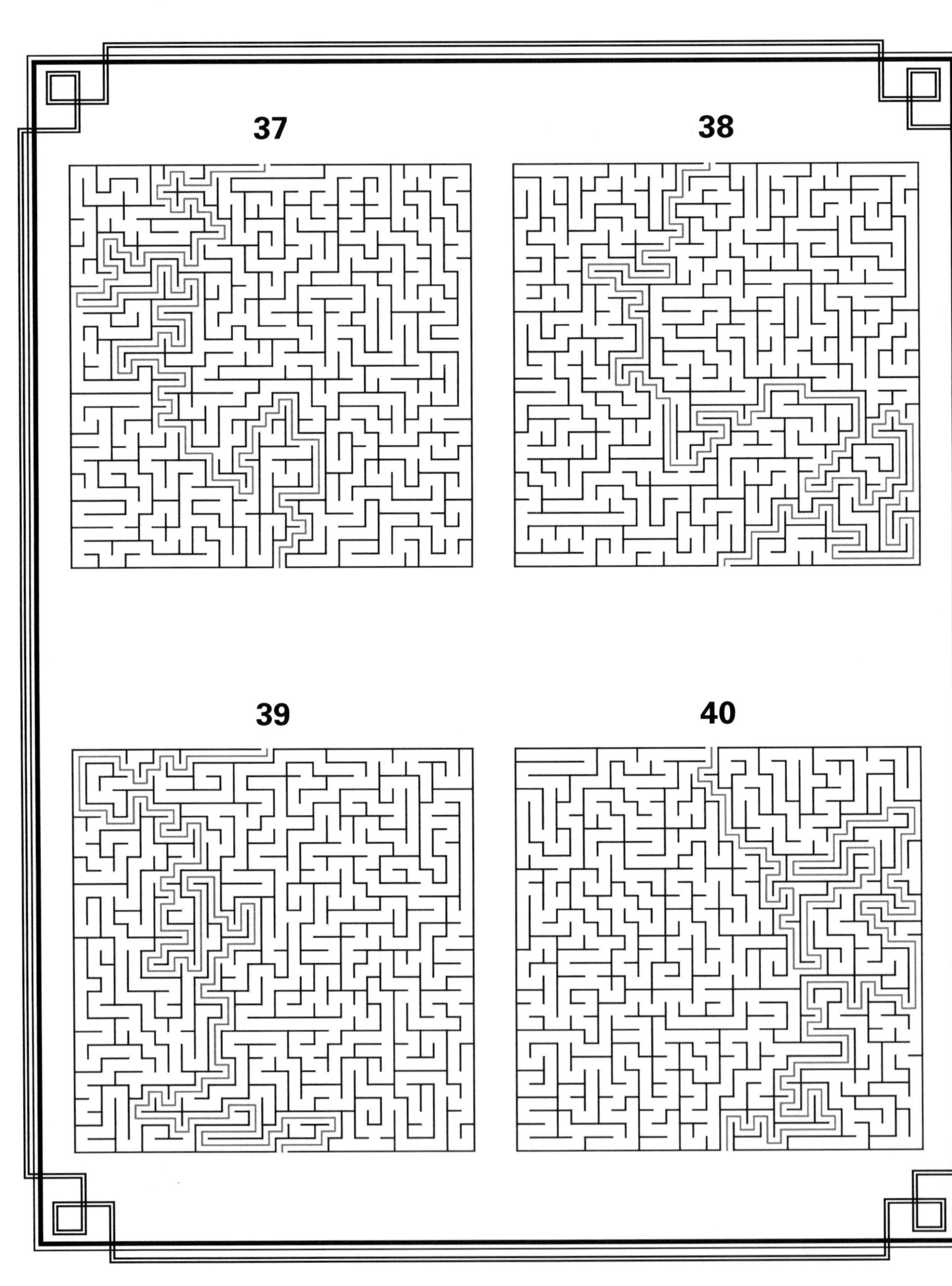

37
38
39
40

41

42

43

44

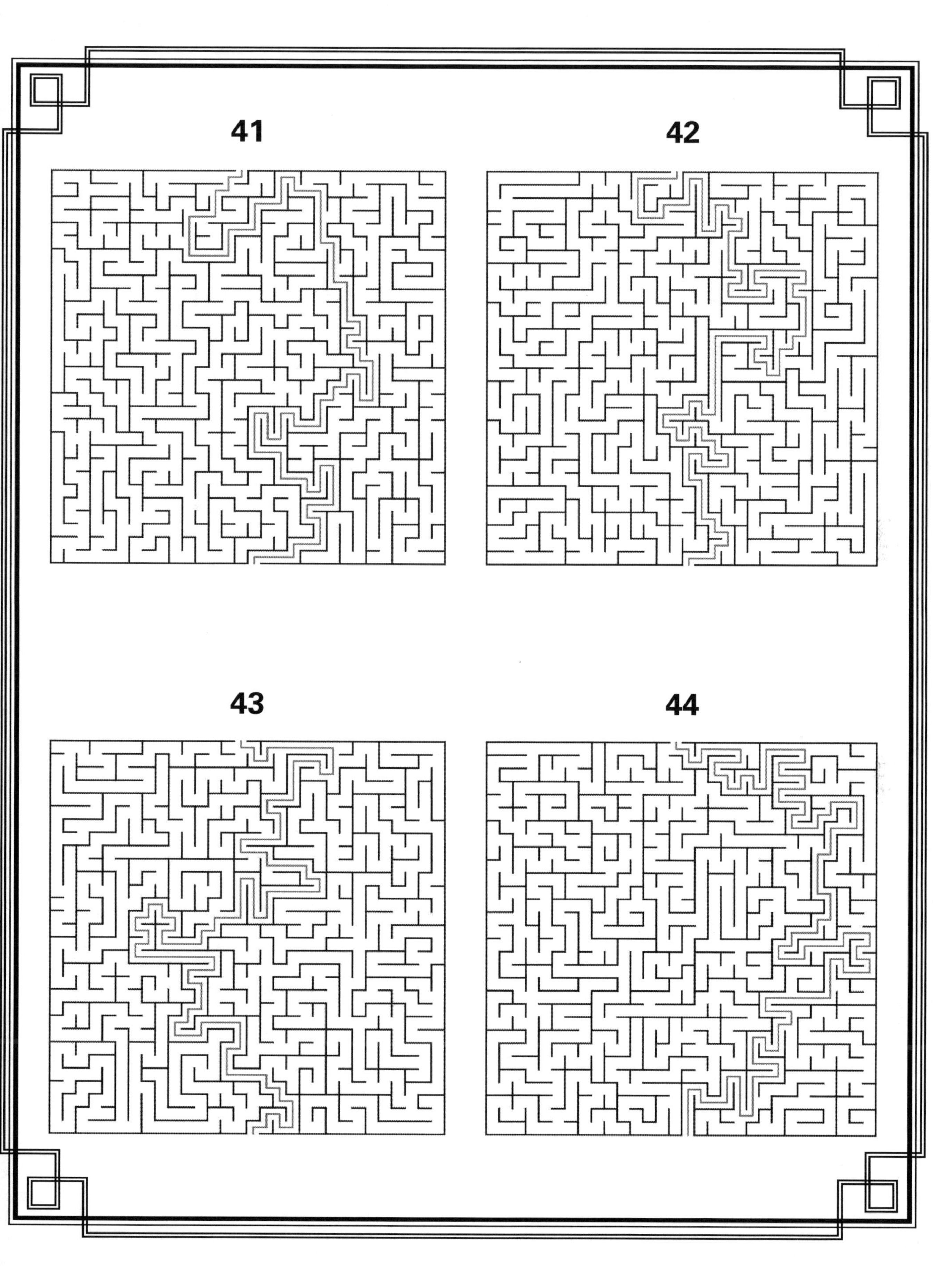

45

46

47

48

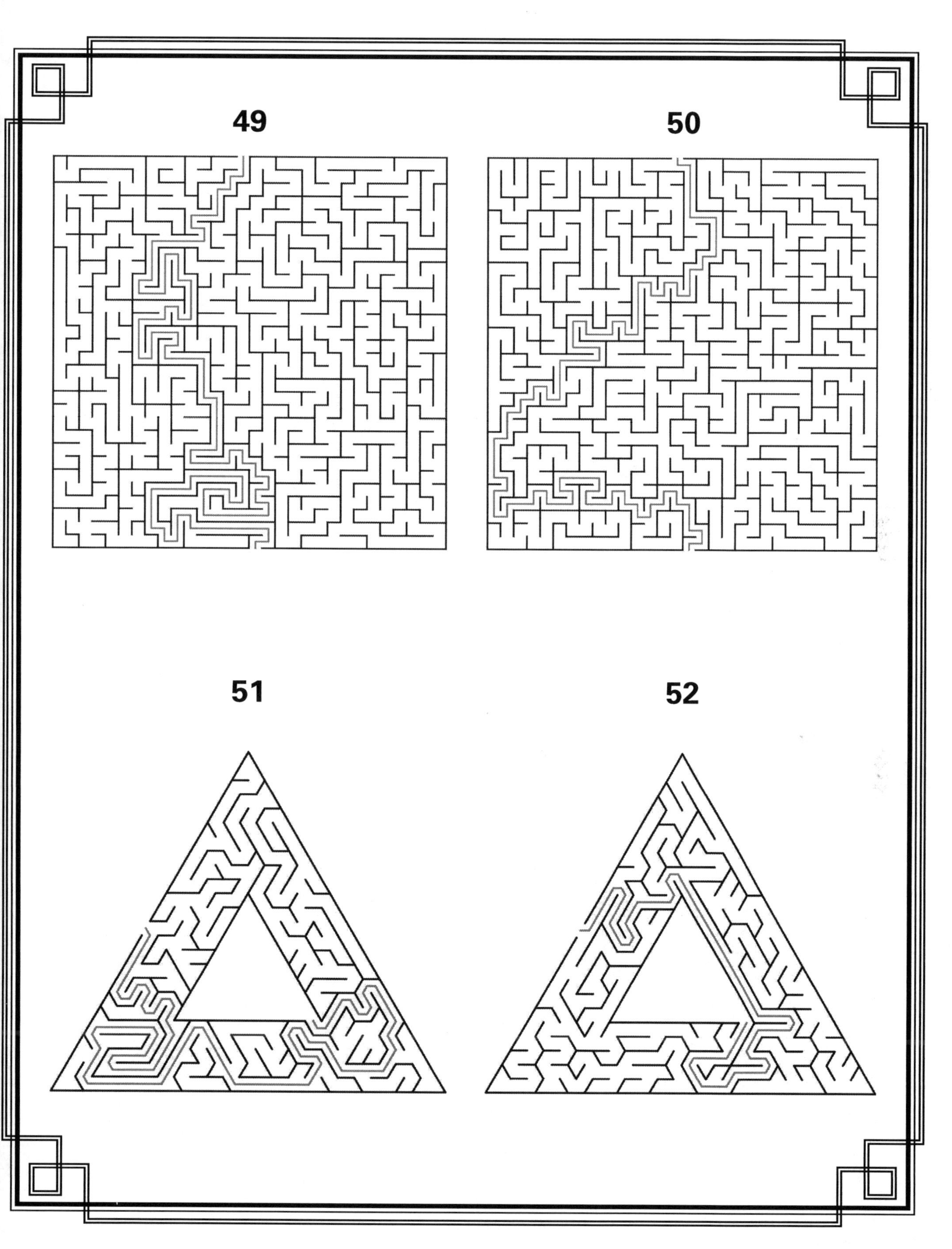

49

50

51

52

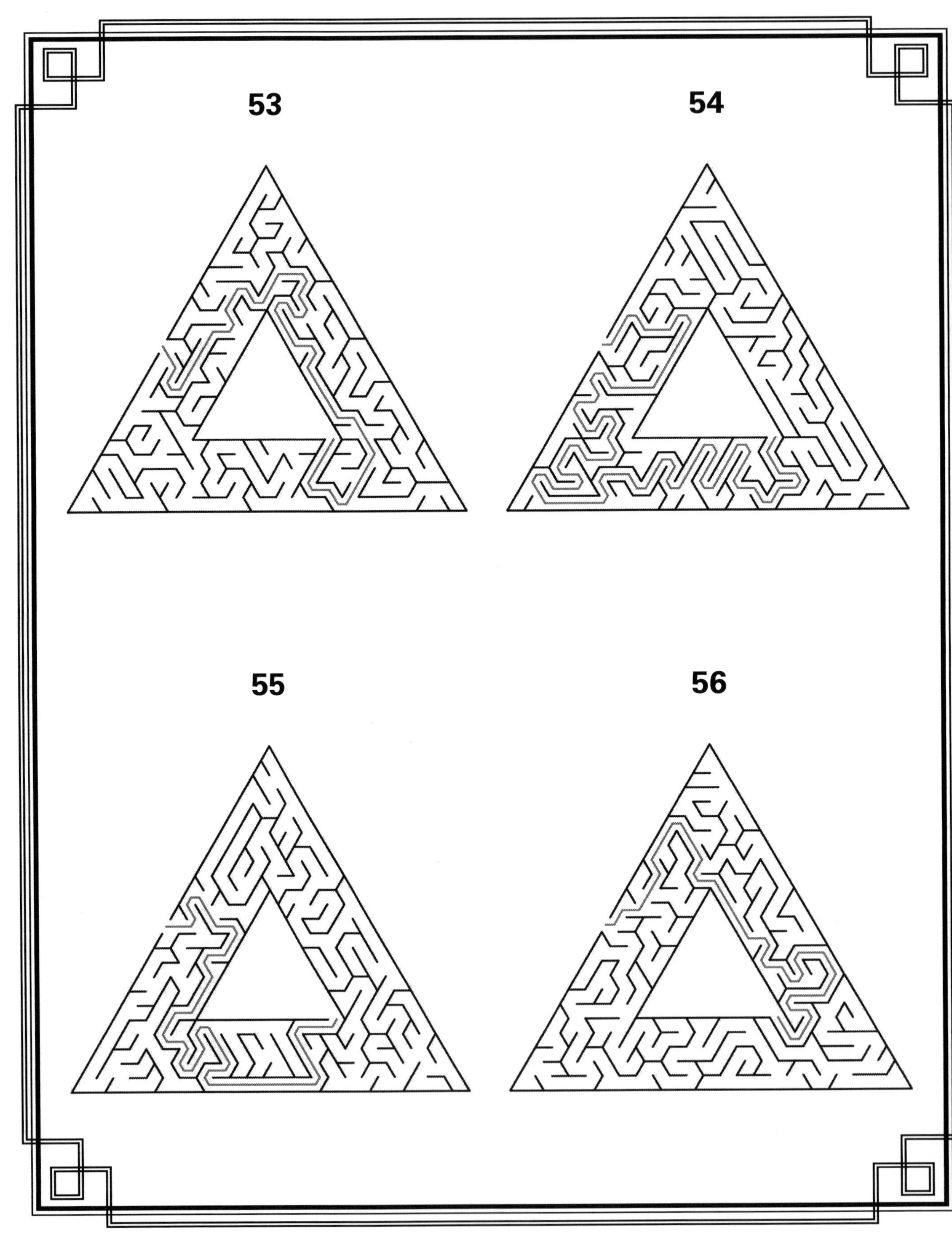

53
54
55
56

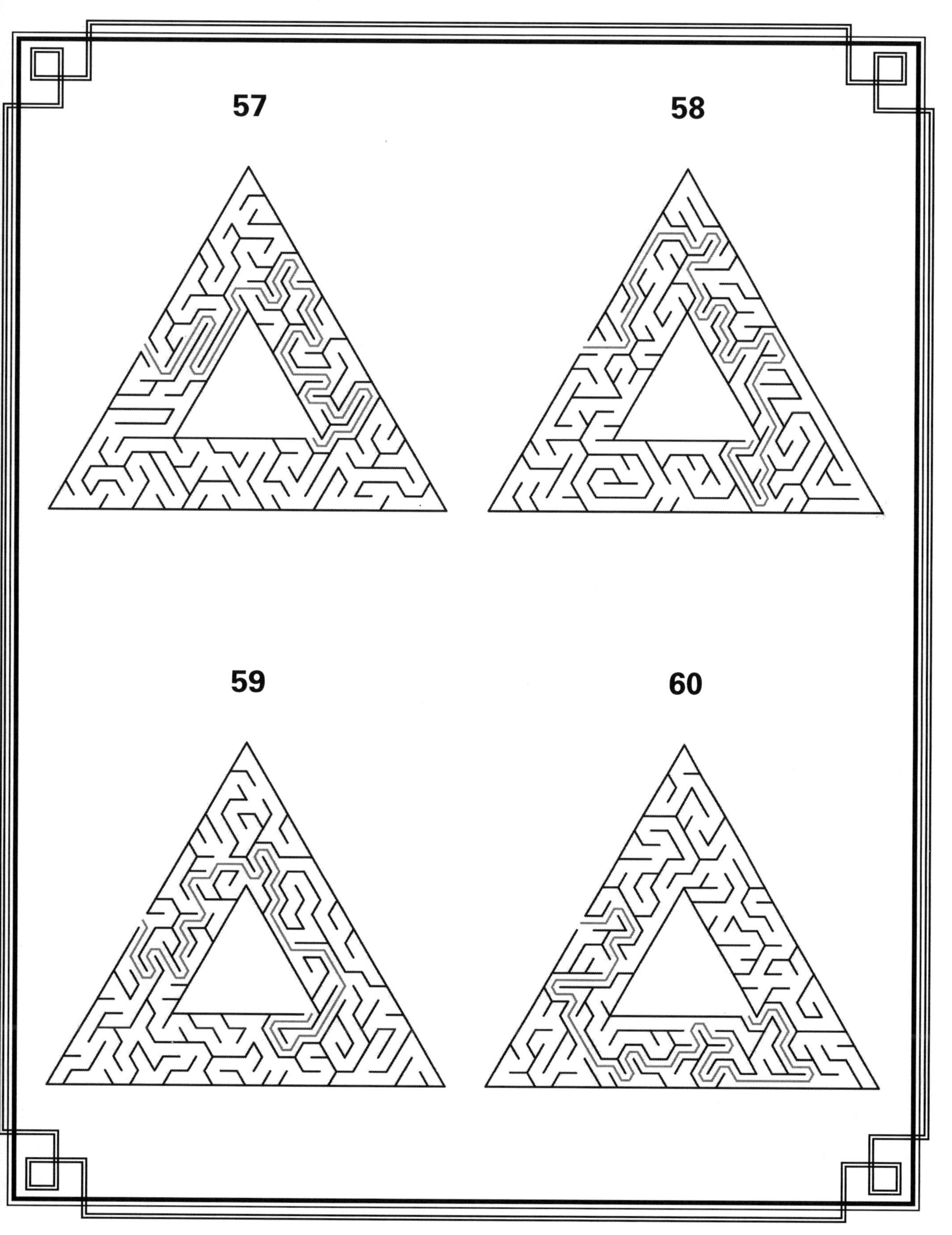

57
58
59
60

61

62

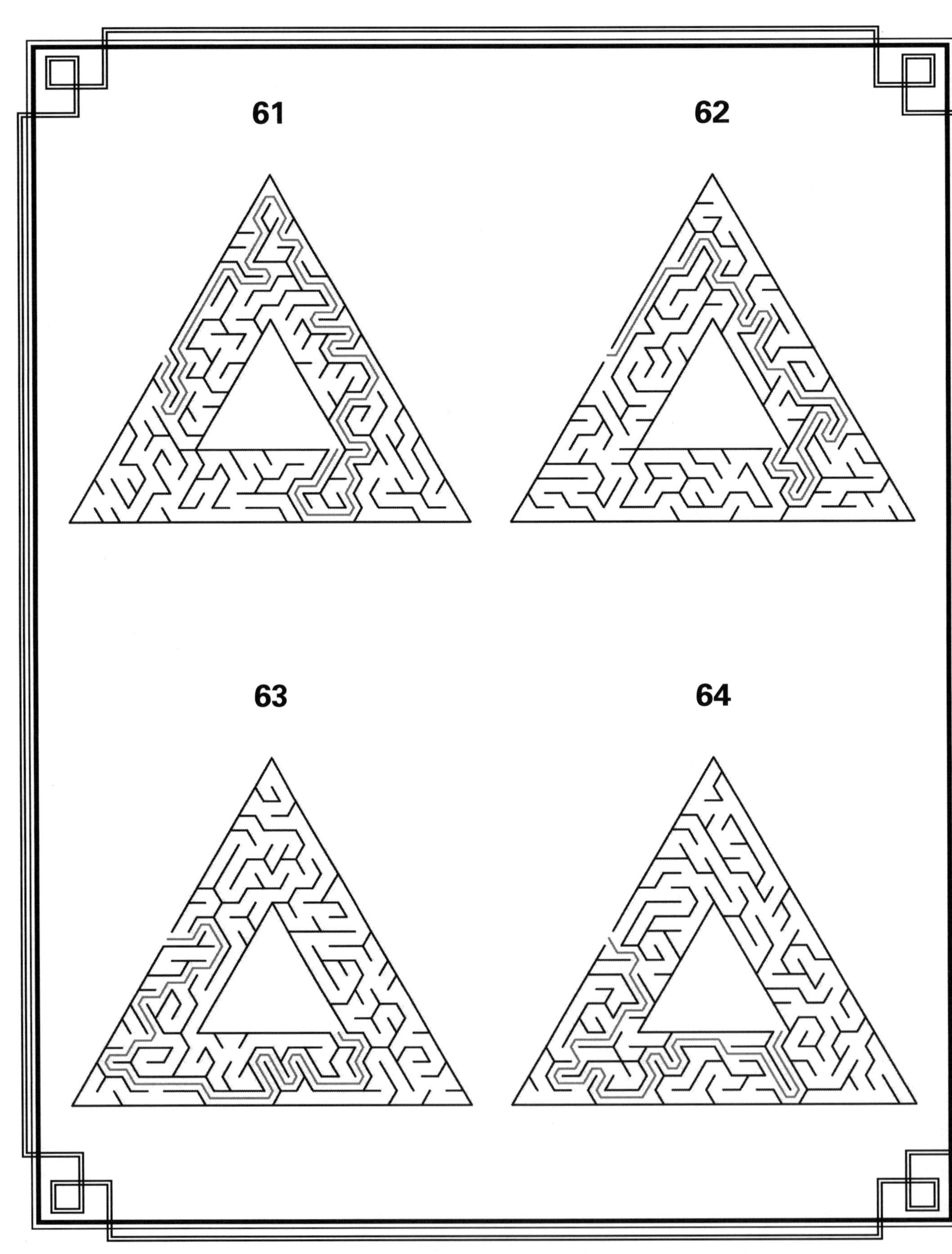

63

64

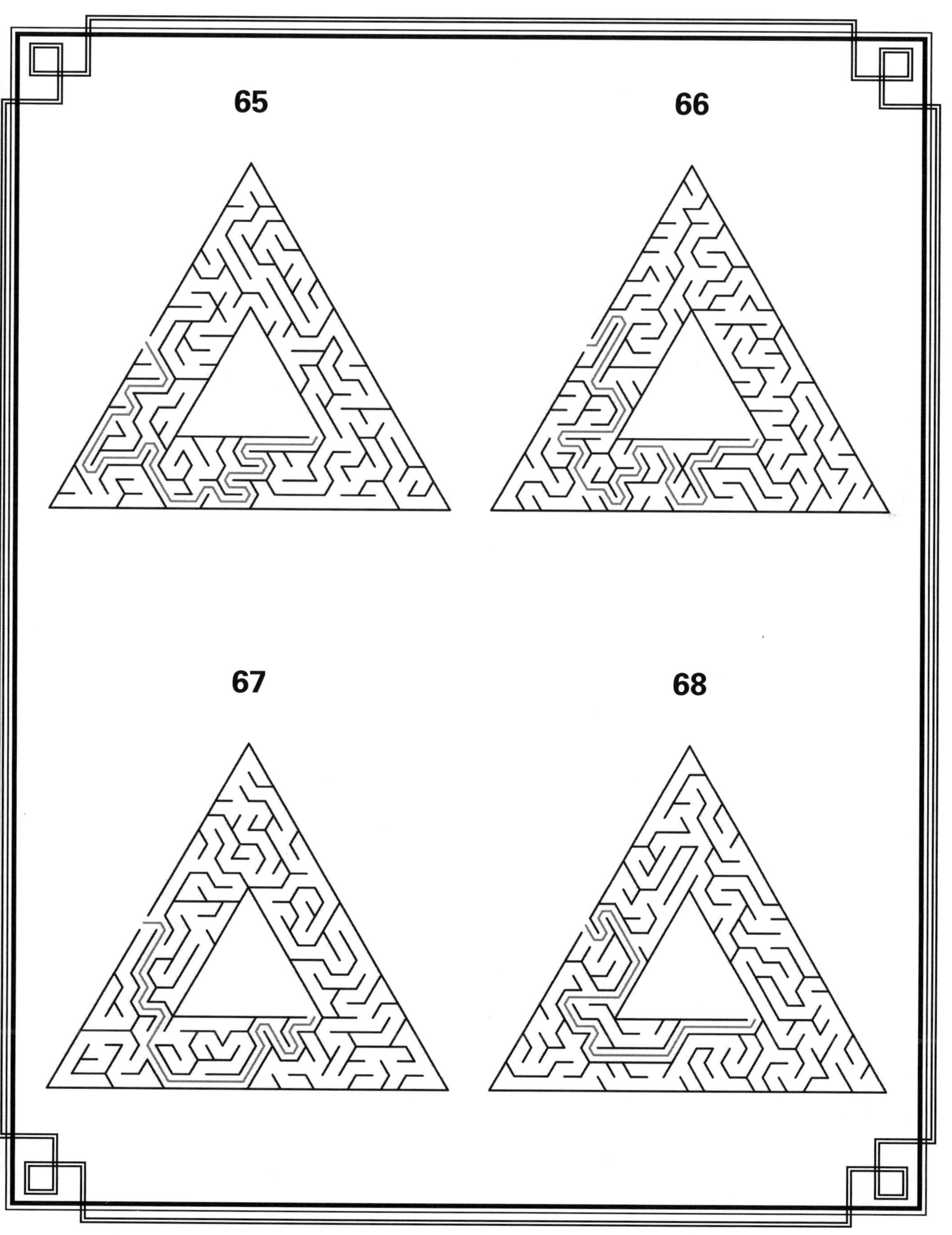

65
66
67
68

69

70

71

72

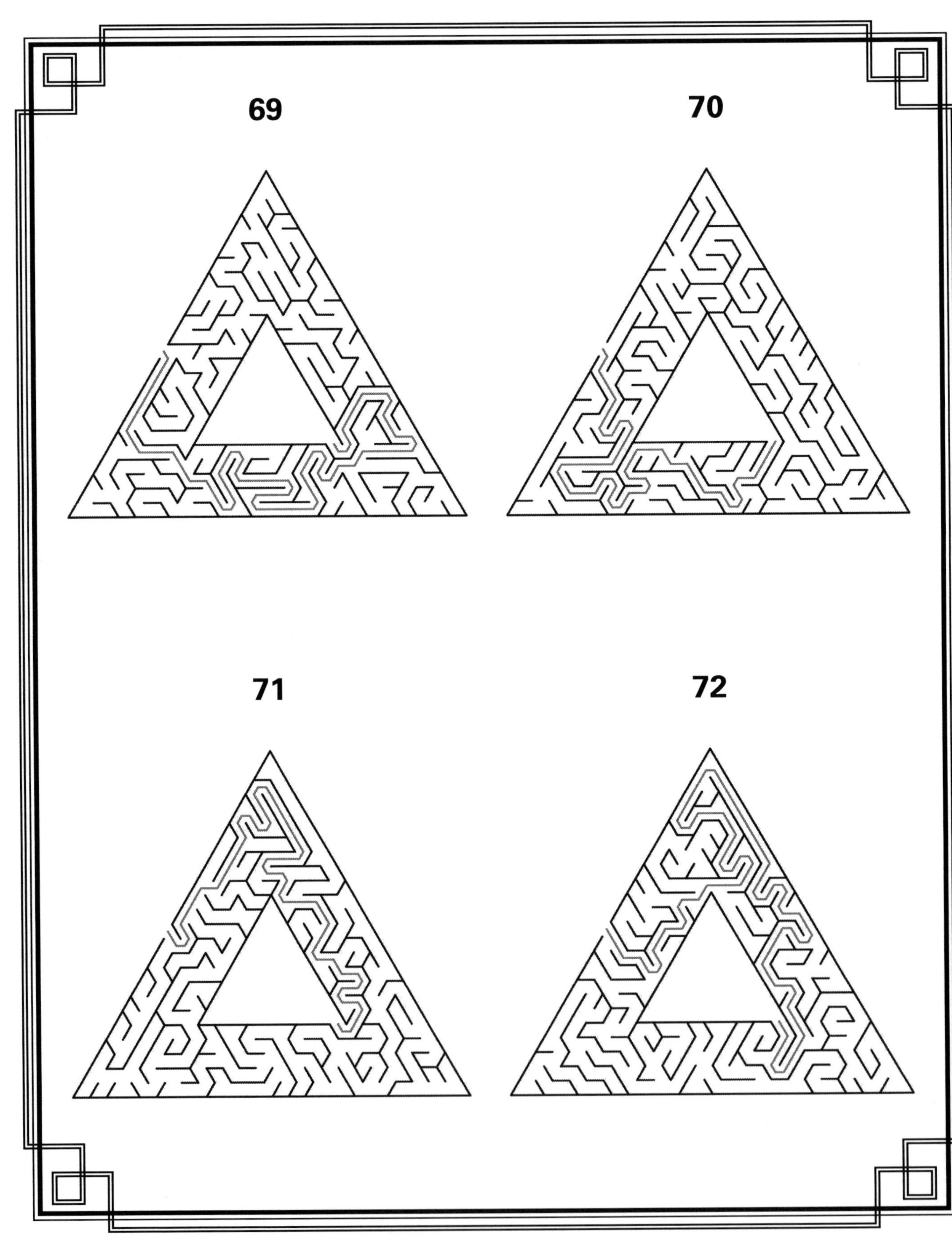

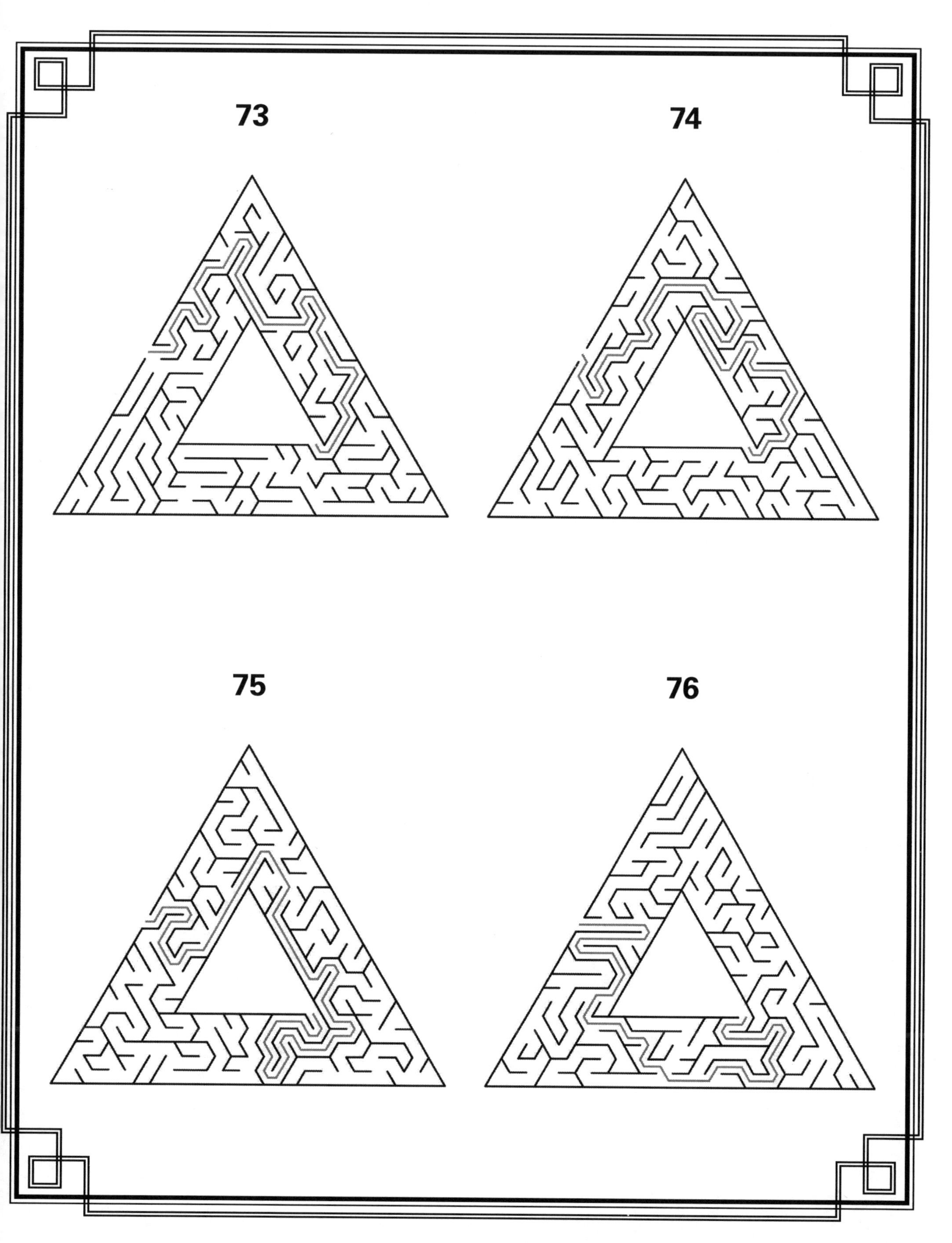

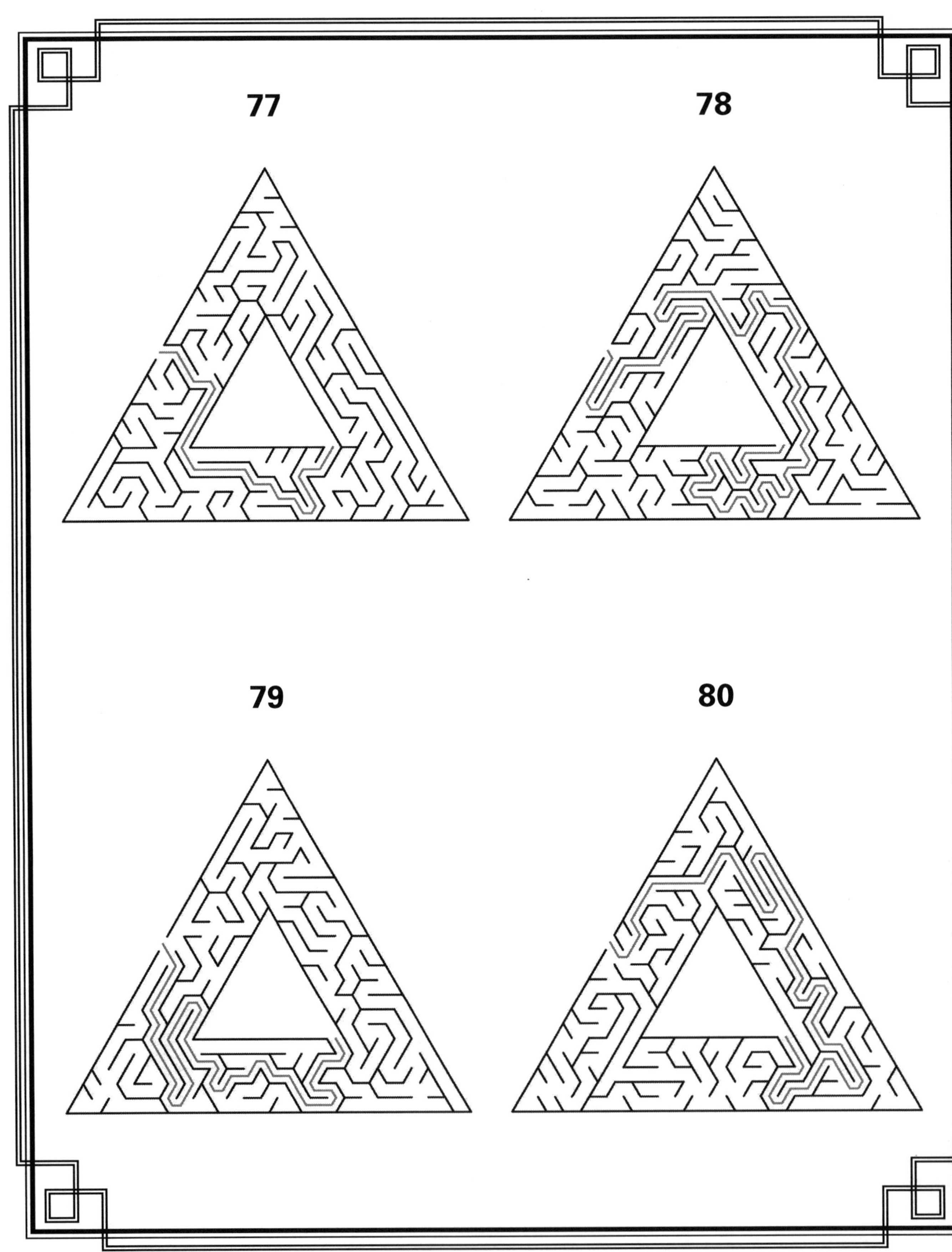

77
78
79
80

81

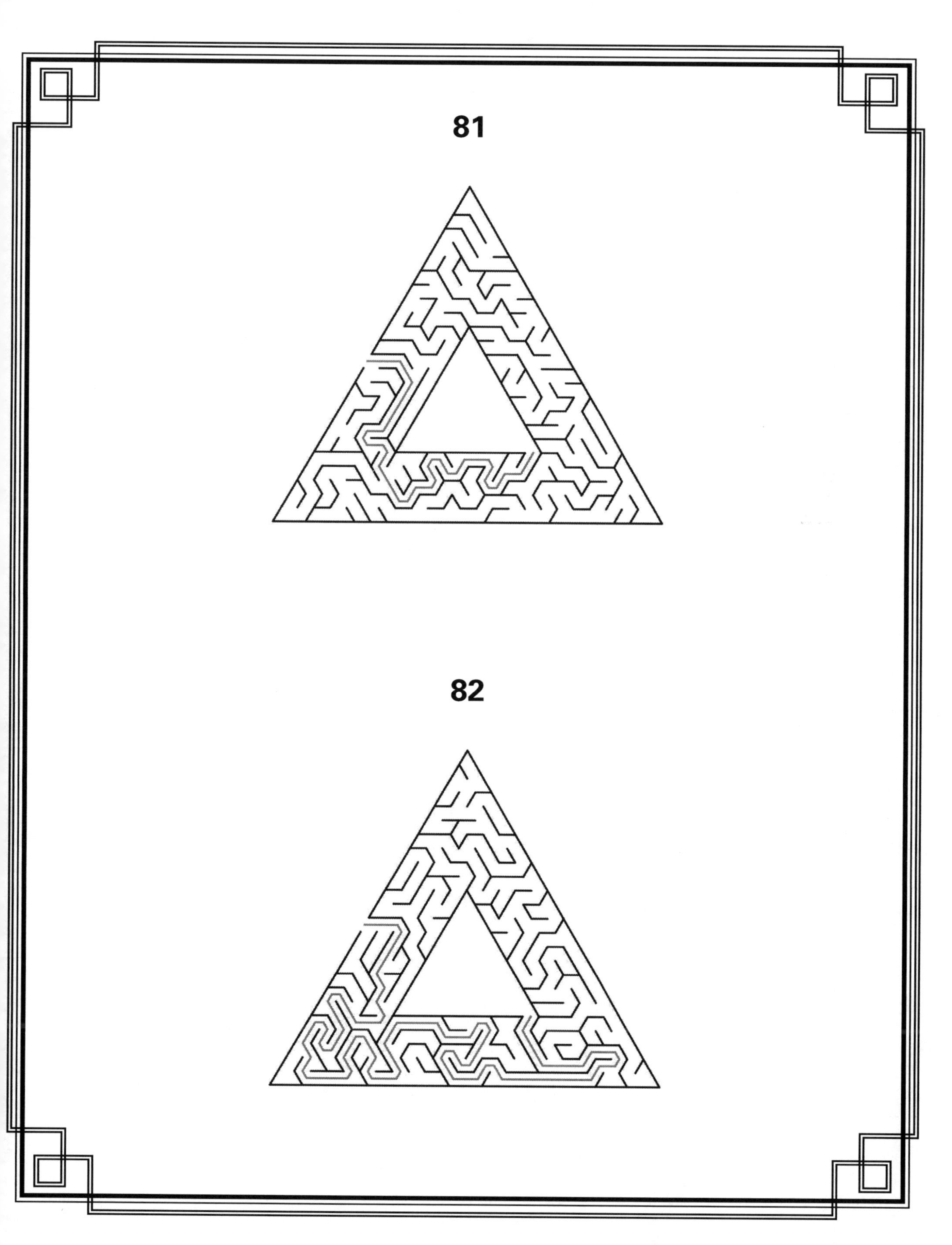

82

Made in the USA
Monee, IL
07 July 2026